인생의 뒤안길엔 찔레꽃 향기가

우리 내면의 불길에 대한 이야기

이야기가 마음을 다스리는 용도라면 그 이야기는 그대로
마음으로 남는다. 때로 그 마음은 슬픔과 기쁨, 즐거움과
서러움, 어떤 회한이 되어서는, 말하는 이의 목구멍에서
폭발하여 한 인간의 자리를 모두 태워버리기도 한다.
우리는 그런 류의 재난을 자주 목격한다. 어떤 시간이 모든
것을 태워버린 곳에서 피어오르는 몇 줄 연기로부터 녹음에
가려졌던 이 세계의 앙상한 전모가 뜨겁게 드러나는 광경
말이다. 여기 있는 이 이야기들이 그렇다. 말하자면 우리
내면의 불길에 대한 이야기. 마치 긴 시간의 기름 속에 꽂힌
심지처럼 그 불은 검은 바닥을 보여주지 않는다. 우리는
그 불을 끄지도 않을 것이며 끌 생각도 없다. 그 마음의
타오름. 그것이 이쪽과 동시에 저쪽을 여는 환한 문이기

때문이다. 과거와 미래, 삶과 죽음, 그리고 한 인생에서 다른 인생으로 활짝 열리는 문 말이다.

신용목
시인, 조선대학교 문예창작학과 교수

생의 시간을 지나오며 둥글어진 마음

휴가차 몽돌해변에 간 적이 있습니다. 고운 모래밭이 아니라 둥근 자갈돌들이어서 맨발로 걷다 보면 발바닥이 욱신거리기도 하지만 나름 재미있는 경험이었습니다. 둥글고 매끄러운 작은 자갈돌을 보며 궁금함이 드는 건 얼마나 많은 시간을 보내며 저렇게 둥글어졌을까 입니다. 사람의 시간보다 훨씬 긴 시간을 보내며 둥글어졌겠지요. 만약 저 돌에게도 영혼과 감각이 있다면 얼마나 아팠을까요. 폭풍우에 거침없이 쏟아지는 시냇물을 지나 도도한 강물을 거치며 다른 돌들과 부대끼며 제 몸이 깎여 나가는 것도 모르고 흘러왔을 것만 같습니다. 사람도 어린 시절엔 잘 모르고 지나가지만 삶을 살아가다 보면 누구나 아프고 모나고 날카롭거나 힘들었던 순간들이 있게 마련입니다. 그런 시간들을 지나며 얼마나 둥글고 너그러워졌는가가 작은 자갈돌이 사람에게 주는 의미 아닐까 생각합니다. 저도 교수이자 작가로서 전국의 시장에서 장사를 하시는 분들의 이야기를 취재하고 글과 그림으로 월간지에 연재한 적이 있습니다. 당시 든 생각은 모든 이는 저마다의 드라마를 가지고 있다는 것입니다. 특히 연세가 많을수록 더 많은 드라마를 갖고 계십니다. 희로애락마저도 마침내 둥글둥글 둥글어지는 드라마. 이 책에 실린 어르신들의 이야기 속에는 생의 시간을 지나오시며 둥글어진 마음이 전해집니다. 그래서인지 둥근 모양을 떠올리면 기분이 좋아집니다. 둥근 밥, 둥근 빵, 둥근 말, 둥근 달, 둥근 미소, 둥근 생각, 둥근 마음. 이번 동구 어르신들의 소중한 이야기에 부족한 저희 제자들이 그림으로 함께할 수 있어 기쁩니다. 특히 어르신 자서전 사업을 기획한 광주광역시 동구청 관계자 여러분과 용기 있게 펜을 드신 어르신 그리고 참여하신 모든 분께 큰 박수를 보냅니다. 부디 여러분의 마음이 더욱 둥글어지고 부드러워지는 시간이 되셨길 바랍니다.

황중환
조선대학교 미술체육대학 만화애니메이션학과 교수(만화가)

차례

추천사 • 4

 위영 이야기 • 11

 최경희 이야기 • 41

 정기수 이야기 • 73

 최영후 이야기 • 117

 윤점덕 이야기 • 153

 백정순 이야기 • 185

 박한양 이야기 • 215

 박형기 이야기 • 255

글쓰기 멘토 후기 • 297

위영 魏英 이야기

나는 전남 장흥군 관산면 방촌리
4반에서 1947년 6월 20일에
태어났습니다.

정년퇴직 후 소소한 취미로
캘리그라피와 초크 아트를
시작했습니다. 일상에서 크고 작은
재미와 행복을 느끼며 건강하게
생활하고 있습니다.

가족들에게 보내는 한마디

항상 긍정적이고 자기의 위치에서 최선을 다하는 우리 가족들, 신앙 안에서 하느님의 희망을 느끼며 힘찬 생활을 하자꾸나. 앞으로도 서로 믿고 격려하며 살아가자. 그동안 나의 버팀목이 되어 준 남편과 건강하고 지혜롭게 살아온 우리 아이들, 며느리, 손주들 모두 고맙고 사랑한다.

내 인생의 키워드

근면, 성실, 사랑, 온유

내가 좋아한 동백나무

　내가 어린 시절을 보낸 우리 집 앞뜰과 뒷동산에는 아름드리 동백나무가 가득했다. 나는 점애 언니와 뒷동산으로 산나물을 캐러 갔다. 하지만 동백나무들이 손짓하듯 가지를 흔들면 우리는 집을 나선 목적도 잊은 채 동백나무 숲으로 달려갔다. 남해에서 불어오는 바닷바람을 견디며 자란 동백나무는 우람했다. 낮게 내려뜨린 가지의 꽃송이는 반쯤 벌어져 꿀이 흐르고 있었다. 꽃잎에 입을 맞추면 달콤한 꿀물이 입술에 묻어났다. 땅은 꽃잎으로 뒤덮여 꼭 붉은 양탄자를 깐 것 같았다.

　노는 것이 싫증나면 그제야 우리는 멀리 내던져 둔 바구니를 찾아왔다. 나와 점애 언니는 통치마를 걷어 올리고 바닥에 앉았다. 칼로 풀을 젖히다 보면 연녹색의 부드러운 참나물을 찾을 수 있었다. 하나하나 캐서 바구니에 담다 보니 어느새 바구니에 나물이 한가득이었다. 나물이 쌓이는 만큼 뿌듯한 마음이 들었다. 나는 행여나 다른 풀이 섞일까 봐 한눈 한 번 팔지 않고 나물을 캐는 데에 집중했다. 맨다리가 풀에 베이지 않을까, 벌에 쏘이지는 않을까 하는 걱정도 뒷전이었다. 바구니 하나를 가득 채워 살랑살랑 집으로 돌아가면 어머니께서는 두 바구니를 채우고도 넘칠 칭찬을 해 주셨다.

위영

어린시절 대가족

장흥군 관산읍 방촌리의 한편에서 우리 가족은 친척들과 모여 살았다. 뒷동산의 동백나무 숲길을 따라 나오면 조부모님과 첫째 큰아버지 내외와 자녀들이 사는 큰댁이 있었고, 그 아랫집에는 둘째 큰아버지 내외와 자녀들이 살았다. 둘째 큰아버지 댁 대문 바로 앞이 우리 집이었다. 화장실, 돼지 축사, 닭장이 한 채에 모여 있었고, 본채가 따로 있는 구조였다. 어머니는 가축을 기르고 이천 평이 넘는 논과 밭에 농사를 지어 우리 남매를 키워 내셨다. 어머니의 헌신적인 사랑과 많은 또래 사촌 덕분에 나는 외로울 틈 없이 자랐다.

평촌마을에는 큰댁의 뽕나무밭이 있었다. 고개를 넘고 시냇물을 건너가서 뽕을 따는 것은 사촌 언니들과 나의 몫이었다. 뽕잎을 바구니에 한가득 담아 돌아오면 어머니께서는 누에에게 먹이로 주셨다. 누에는 뽕잎을 아삭아삭 잘도 받아먹었다.

어머니는 똥을 잘 치워야 누에가 고치를 지을 섶이 깨끗해진다며 나에게 누에 똥 청소를 시키셨다. 나는 물렁물렁한 누에를 만지는 게 너무나도 무서웠다. 그래서 누에가 먹고 버린 나뭇가지로 젓가락을 만들어 누에를 한 마리씩 옮겼다. 보다 못한 어머니가 답답해하며 비키라고 하시면 나는 반갑게 일을 넘기고는 작은방을 빠져나왔다.

다 자란 누에가 입에서 곱고 가느다란 실을 뽑아 올록볼록한 하얀 고치를 만들면 어머니는 고치에서 가느다란 명주실을 뽑아 씨줄과 날줄을 엮어 베를 짜셨다. 그렇게 만든 명주로 분홍빛 저고리, 붉은 비단 치마를 지으셨다. 나는 어머니가 짜 준 저고리에 치마를 입고 하얀 염소를 돌봤다. 어머니께서 재미 삼아 키워 보라고 우리 남매에게 사 준 염소였다. 바쁜 동생을 대신해 나는 동백나무 숲 아래 밭두렁에서 염소 줄을 잡고 풀을 먹였다. 한 번은 염소를 기르는 내 모습이 사진 찍혀 수련장 표지에 실린 적도 있었다.

    송현에 사는 학생들은 우리 동네를 지나 뒷산을 넘어 학교에 다녔다. 아침부터 등교하는 학생들의 웃고 떠드는 소리가 들리면 어머니는 학교 갈 시간인데도 아직 자고 있을 딸 생각에 밭일도 놓고 집으로 오셨다. "우리 영이 밥솥에 불 때서 밥 먹고 학교 가거라!" 잠에서 덜 깬 내가 맥없이 대답하면 어머니는 다시 고함을 치셨다. "다들 학교 가는데, 언제 밥 먹고 갈 거냐?" 나는 그제야 일어나서 부랴부랴 고양이 세수를 하고 책보를 쌌다.

    소나무 잎으로 불을 땐 가마솥에서는 맛있는 밥 냄새가 풍겼다. 어머니가 상을 차려 주시면 나는 뜨거운 밥이 담긴 그릇에 반찬을 넣고 참기름을 둘러 비벼 먹었다. 재빨리 먹고 집을 나서기 위해서였다. 나가면서 둘째 큰아버지 댁의 대문 안을 빼꼼히 내다보면 사촌 언니들은 떠난 지 오래였다. 나를 발견한 둘째 큰아버지가 호통을 치셨다.

16 / 17

© 김리원

"영이 아직 안 갔느냐? 조심히 어서 가거라!"
  이 킬로미터가 넘는 등굣길, 숨이 차도록 달려야 지각을 겨우 면할 수 있었다. 학교 옆의 대문이 커다란 집에 사는 아들 녀석이 장대를 들고 길을 막으면 피해서 가느라 지각해서 혼나기도 했다.

교실 밖에서 배운 기쁨

  내가 다니던 장흥군 관산읍에 있던 초등학교는 전교생이 천 명이 넘었다. 내가 입학할 당시만 해도 신입생은 세 학급 정도였는데 내 동생과 사촌, 육촌 동생들이 입학한 해에는 신입생 수가 갑자기 늘어 다섯 학급이 차고도 남았다. 그래서 교실이 부족해지자 2부로 나눠 수업이 이루어졌다. 삼 학년이던 나는 일주일에 두 번 야외에서 수업을 받았다.
  야외 수업을 하는 날에는 아코디언을 자전거에 싣고 학교에서 일 킬로미터 떨어진 양춘재로 갔다. 양춘재는 높다란 산에 있는 위씨 문중 재각(齋閣)으로, 야외 수업 때는 자연 속의 교실이 되었다. 멋있고 실력이 좋은 채금촌 담임 선생님 덕분에 국어와 음악, 산수 등 모든 수업 시간이 즐겁고 행복했다.
  옆 동네의 천관산에는 장천재라는 재각이 있었다. 양춘재보다 더 큰데다 근처에 동백나무가 많아 경치가 빼어났기에 소풍 장소로는 안성맞춤이었다. 오솔길을 따라 팔각정에 오르면 우리 동네까지 내려다보였다. 나는 풍경을 감상하다가도 꼭 대궐 같은 큰댁과 바로 아래의 둘째 큰아버지 댁, 파란 지붕인 우리 집을 찾으면 반가워했다.

　넓은 산소에서 반별 게임으로 외발뛰기를 하며 놀았다. 그때 선생님께서 지정된 구역을 알려 주며 "보물 찾아라!"라고 하셨다. 우리는 하던 일도 내팽개치고 친구보다 더 빨리 보물을 찾기 위해 눈을 굴렸다. 선생님께서는 대체 어디에 보물을 그렇게 숨겨 놓으셨을까. 나만 아무것도 못 찾고 보물찾기가 끝나 버리는 건 아닐까 불안했다. 한 번씩 친구에게 "명순아! 보물 찾았어?"하고 물어보았고, "아니."라는 대답을 들으면 안심이 되었다. 그새 누군가 "찾았다!" 큰소리를 치면 나는 그 친구에게 달려갔다. "어디 보자! 음, 그렇게 생겼구나." 크기나 질감을 확인하고선 주변에 보물이 있을 만한 장소를 샅샅이 뒤졌다. 선생님께서는 여러 사람에게 선물을 주기 위해 한 사람이 두 개 이상 찾은 것은 인정해 주지 않으셨다.

　매해 가을이면 학교에서 운동회가 열렸다. 우리 학교는 규모가 크고 평판이 우수하여 운동회가 마을의 큰 잔치와 다름없었다. 그중에서도 밴드부 공연을 향한 기대가 컸다. 합주 연습만 해도 전교생과 교직원들이 창 너머로 구경할 정도였다. 나는 밴드부였기에 매일 방과 후마다 합주를

위영

유년기 운동회

연습했고, 그걸로도 모자라 집에 악보와 악기를 챙겨 갔다.
  운동회 점심시간에는 우리 집안사람들이 모여 도시락을 나눠 먹었다. 한번은 학교 행사라고 장흥군 교육청 관리과에서 근무하는 작은 할아버지가 학교에 찾아오셨다. 할머니, 할아버지는 밴드부가 잘했다는 칭찬을 듬뿍 해 주시고는 "너 좋아하는 것, 사고 싶은 것, 네 마음대로 사거라!"라며 용돈을 주셨다. 한 달이 넘는 시간 동안 합주를 준비한 노력을 전부 보상받은 기분이었다.

  학예발표회도 가을에 열렸다. 교육청 직원들과 학부모, 전교생이 대강당에 모이는 자리였다. 내가 4학년 1반 여자 반장이었을 때, 대표로 인사말을 하게 되었다. 나는 그 역할을 맡았다는 사실에 큰 기쁨을 느꼈지만 동시에 큰 책임감도 느꼈다. 선생님께서 주신 원고를 읽고 또 읽으며 웅변 연습을 했고, 단상에 설 때 입을 예쁜 원피스를 맞춰 달라고 어머니를 졸랐다. 어머니는 집에 있는 하얀 무용복을 다시 입는 게 어떠냐고 하셨다. 아쉬웠지만 어머니의 말씀을 따랐다.
  발표회 당일, 들뜨고 기쁜 마음에 얼른 학교에 가자고 어머니를 재촉했다. 어머니는 설거지도 하고 돼지 먹이도 줘야 해서 일이 바쁘다며 "무용복을 챙겨 곧 따라갈 테니 영이 먼저 가라."라고 말씀하셨다. 그런데 학교에서 친구들과 놀며 아무리 기다려도 어머니는 오지 않으셨다.

나는 안절부절못하여 발을 동동 굴렀다. 어느덧 선생님이 와서 "준비되었느냐?"라고 물으셨다. 눈물이 왈칵 쏟아졌다. "엄마가 무용복 가져오시기로 했는데 아직 안 오시네요." 선생님께서는 한숨을 쉬고 가셨다.

"그놈의 설거지! 꿀꿀이 밥 준다고 늦네, 늦어!"

나는 엄마를 탓했다. 그토록 기대했던 인사말인데, 고작 옷 하나 못 챙겨서 못 하게 되었다는 사실이 서러웠고, 이런 모습을 친구들에게 보였다는 사실이 너무 창피했다. 나는 앉아서 눈물만 주룩주룩 흘렸다.

나를 대신해 선생님이 간단히 인사말을 하셨고, 학예회는 차질 없이 진행되었다. 그때는 나밖에 생각하지 못했지만 지금 와서 돌이켜 보니 달리 보이는 것들이 많다. 학생 관리를 소홀히 했다는 이유로 우리 담임 선생님은 얼마나 체면이 구겨졌을까? 내 소지품을 내가 챙겼더라면 멋진 학예회로 지금까지 기억되었을 것이다. 어머니를 탓했던 마음도 지금 와서 생각해 보니 후회가 된다. 어머니가 그날 오지 못하셨던 건 집안일과 생업으로 여유가 없었던 탓일 텐데 내가 너무 어머니의 마음을 몰랐다. 나이를 먹으며 어머니를 조금 더 이해하게 되었다.

밀과 보리가 익어 추수할 때가 되면 농번기 방학이 찾아왔다. 매년 이즈음이면 할머니는 장동면의 진외가 제사에 가셨는데, 그해는 안양면에 사시는 이모할머니 댁에

먼저 들르셨다.

　이모할머니는 내가 아주 어릴 적 우리 집 근처에 살면서 할머니와 정담을 나누며 가깝게 지내셨다. 이모할머니는 바쁜 어머니를 대신해 내게 끼니마다 밥을 떠먹여 주셨고, "영이가 밥을 복스럽게 잘 받아먹는다."라고 칭찬도 많이 해 주셨다고 한다. 그런데 이모할머니가 안양면으로 이사하시면서 자주 뵐 수 없게 되었다. 진외가 제사를 지내기 위해 나는 할머니를 따라나섰다가 오랜만에 이모할머니를 뵐 기회가 생겼다.

　이모할머니 댁 앞마당에는 크나큰 살구나무가 양팔도 모자라 열 손가락, 발가락까지 쭉 편 채로 서 있었다. 그 모습이 나를 반겨 주는 것 같았다. 내가 함성을 지르며 폴짝폴짝 뛰자 작은삼촌인 병대 아재가 "그렇게 좋으냐?"라고 물으셨다.

　병대 아재는 살구나무 아래 바닥에 큰 비닐을 깔고, 장대로 가지를 툭툭 쳤다. 그러자 노란 이파리와 함께 살구가 떨어졌다. 깨진 것 하나 없었다. 덕분에 살구를 배부르도록 먹을 수 있었다. 그리고 살구를 한가득 들고 가면 무척 기뻐할 진외가의 식구들을 생각하며 챙겼다.

　진외가 댁에서 진희 언니와 나를 좋아했던 동생 행희와 함께 동구 밖을 뛰어다니며 놀았다. 아궁이에 불을 때면서 시시덕거리기도 했다. 어른들은 우리가 즐겁게 노는 모습을 보면서 따라 웃고 예뻐해 주셨다.

어른들에겐 무척 바쁜 농번기였지만 어린 나에게는 마냥 즐거운 날이었다. 진외가 제사 때마다 행복했던 기억이 많아 일기장에 쓸 소재가 넘쳤다. 일기를 쓰기 위해 하루를 되새기면 다시 한 번 즐거워졌고, 학교에 가서 오랜만에 만난 친구들에게 자랑할 거리가 생겼다는 사실에 신이 났다.

그리운 송정공원

체신부에서 공무원으로 십 년간 재직하던 중 남편을 만나 결혼을 하고 아이도 낳았다. 고모님 댁 사촌 동생의 시누이가 와서 산후조리와 육아를 도와주기로 했으나 이사로 불발되었고, 나는 퇴직을 선택했다. 월급이 많고 복지도 좋은 직장이었던지라 아쉬웠다. 한 번 그만두면 복직이 어려울 거라고 언니와 친척들이 조언했지만, 첫 아이를 키우기 위해선 어쩔 수 없었다.

신혼집으로 상하방에 전세를 얻었다. 야간 근무를 하는 남편이 낮에 잠을 자서 나는 아이를 데리고 집주인인 큰방 창신이네로 놀러 가곤 했다. 동갑인 아이들은 서로 싸우거나 울지 않고 잘 놀았다. 창신이 엄마와 나도 서로 살림을 가르쳐 주며 재미있게 지냈다. 문제는 큰방 할머니였다. 그 할머니는 마루에서 아이들이 못 놀게

훼방을 놓고 여러 가지로 못살게 굴며 집주인 행세를 했다.

임대료를 내며 사는 동안 정답게 지내면 좋을 텐데, 큰방 할머니 때문에 불쾌한 적이 많았다. 참고 참다가 큰방 할머니가 아이들에게 짜증 내는 걸 본 순간 안 되겠다고 판단해 큰애를 업고 새집을 구하러 이 동네 저 동네를 다녔다.

그러다가 송정공원 동네를 발견했다. 지대가 높지만 도로와 가까워 교통이 편리했고, 시장과 성당에서 멀어도 공원 근처라 공기가 깨끗해 아이들이 안전하게 놀기 좋았다.

내가 그 동네의 사십칠 평짜리 단독 주택으로 가고 싶다고 말하니 남편이 반대했다. 나주에 계시는 시부모님께 집값을 대 드렸기 때문에 큰돈을 대출받지 않고서는 집을 살 수 없다고 했다. 나는 농협에 근무하는 친구가 있다고, 그 친구의 도움을 받으면 큰 빚을 내지 않고 집을 살 수 있다고 남편을 설득했다. 결국 가고 싶었던 집보다 십 평 정도 좁은, 소촌동 118번지를 선택했다.

그 집 대문 밖으로 나가면 왼쪽 골목 옆이 숲이 가꾸어진 송정공원이었다. 시장으로 가는 지름길도 있었고, 철로를 지나면 아이들 학교도 있었다. 또 남편과 같은 금호 회사의 동료 직원들이 동네 이웃이어서 한 가족처럼 다정하게 지낼 수도 있었다. 나는 소촌동 집이 마음에 들었다.

남편이 받아 오는 급여만으로는 미래를 설계하기가

어려웠다. 나는 퇴직 후 시간이 많으니 막연히 장사를 해 볼까, 생각했다. 그때 나주에 사시는 시어머니께서 자금을 조달해 주고 배를 사서 보내 줄 테니 과일 장사를 해 보는 건 어떠냐고 제안하셨다. 나는 힘도 약하고 배달 일을 해낼 자신이 없어 냉정하게 거절했다.

대신 교회 앞 분식집을 인수했다. 분식집 사업도 고민의 연속이었다. 갓 만든 음식이 맛있으니 주문받자마자 만들어 주고 싶었다. 하지만 장사하는 것이 처음이라 주문이 들어올 때마다 빠릿빠릿하게 조리하기가 어려웠다. 책정한 가격도 내내 마음에 걸렸다. 다 재료비와 수고비가 포함된 금액이었지만 서툰 솜씨에 비해 지나치게 많은 돈을 받는 것 같아 미안하고 괴로웠다. 가게를 들인 상가는 분명 새 건물이라고 들었는데, 천장에서 쥐들이 마라톤을 하고 때로는 다툼을 벌였다. 여러 가지 이유가 겹쳐, 결국 분식집을 정리할 수밖에 없었다.

그때는 차에 주방 용품 같은 살림살이를 싣고 다니며 파는 상인이 있었다. 나는 그분에게 몇 가지 물건을 사면서 안면을 텄다. 한번은 그분이 내게 배달을 한번 해 보지 않겠냐고 제안하셨다. 자기가 물건을 조달해 줄 테니 우리 집 창고에 물건을 보관하다가 주문이 들어 오면 자전거로 배달해 주기만 하면 된다고 했다. 나는 그 제안을 수락했다. 장사는 예상보다 호황이었다. 주문이 들어오면 자전거로 그릇을 배송했고, 상인이 양동시장의 도매상에서

© 김리원

구입한 그릇을 우리 집 창고에 옮겨 두느라 바삐 다녔다. 힘들었지만 경제 활동을 할 수 있다는 점이 재밌었다. 일하면서 낯선 분들도 만나 친해지며 정보를 공유했고, 그중에는 친구 삼고 싶은 분도 계셨다.

   송정초등학교에 다녔던 두 아들은 송정공원에서 친구들과 신나게 놀다가 어두워져야 집에 왔다. 송정공원엔 어른들이 친교를 쌓던 운동 시설이 있었고, 가파른 경사면이 있어 겨울에 눈이 쌓이면 아이들이 썰매를 탔다. 계절에 따라 다양한 꽃이 피던 지상낙원이었다.

   남편의 회사는 직원 복지로 여름 휴가철 바닷가 휴양 시설 숙박권과 물놀이 비품 무료 대여 혜택을 제공했다. 그래서 우리 가족은 송정공원 동네의 이웃들과 다 같이 피서를 즐기러 다녀오기도 했다.

마음을 읽어가던 시간

   밝은 미래를 이끌어 갈 청년이자 나라의 희망인 인재가 되도록 어린이를 키워 내기가 얼마나 고된지, 나는 아들 두 명을 길러 내며 알게 되었다. 그렇지만 어린이와 마음을 주고받는 건 참 즐거운 경험이었다.

   어느 날 동생이 어린이집을 차리는 건 어떠냐고 물었다. 나는 육아를 해 본 경험이 있었기에 그 제안에 귀가 솔깃했다. 그래서 바로 자금을 투자해 광양시 아파트 단지에 어린이집을 차렸다. 비품을 구매하고 환경을 조성하느라 매일 광주와 광양을 오갔다.

   나름대로 노력했지만, 어린이집 운영을 준비하면서 가정에 소홀해지는 건 어쩔 수 없었다. 장거리를 이동하느라 남편과 아이들을 챙길 시간이 없었고 나도 힘에 부쳤다. 어찌해야 하나 고민하던 중 개원 준비를 도와주던 양 총무가 어린이집 운영을 잘할 것 같아 그에게 모든 권한을 넘겨주었다. 양 총무는 동생이 운영하던 법인체의 직원이기도 했다. 뒤늦게 그 사실을 안 동생은 양 총무의 가정 형편이 어려운데 좋은 일을 했다고 말해 주었다. 양 총무가 잘되기를 바라기도 했지만 나 역시 몸과 마음이 편해졌기에 서로에게 좋은 일이었다고 생각한다. 그 후 양 총무는 사업이 번창하여 광양시에서 형제들과 함께 잘 지내고 있다.

   나는 광주 동구 태봉마을에 다시 어린이집을 차렸다. 출퇴근이 수월해졌지만, 여전히 개업 준비로 바쁜 나날이었다. 나를 도와주려고 시부모님이 우리 집에 오시기까지 했다. 우리 가정을 챙겨 준 시부모님 덕분에 나는 어린이집 지하에 난방과 온수 시설을 설치한 뒤 숙식하며 밤낮으로 일에만 집중할 수 있었다. 사 층 높이의 건물을 오르락내리락 달려 다니느라 체중이 사십 킬로그램까지 줄었지만 희망찬 의욕이 뒤를 받쳐 주니 지칠

줄을 몰랐다. 서류는 장 선생님이 책임지고 구비해 줘서 다행이었다. 개원 준비로 할 일이 너무 많았다.

   예정된 날짜에 개원하기 위해서는 당장 원생을 모집해야 한다는 동생의 말에 급하게 원아 모집 공고를 올렸다. 그러나 이제 막 법인 등록하여 공사 중인 어린이집에 아이를 보내려는 학부모는 많지 않았다. 게다가 나는 내성적인 성격이라 말수도 적고 낯을 가려 상담하러 온 학부모들을 설득하는 일이 쉽지 않았다. 그래도 공기 맑은 숲속에 어린이집이 있다는 장점을 내세우자 한 명 두 명 등록하기 시작했다.

   집에 와서도 쉴 수가 없었다. 원장으로서의 일이 끝나면 학부모이자 주부로서의 할 일이 나를 기다리고 있었다. 저녁이면 지쳐 쓰러졌다. 그 모습을 보며 남편은 자신이 퇴직 후 기술을 살려 사업을 할 계획이니 조금만 참고 집에서 살림만 하라며 나의 바깥일을 반대했다. 그러나 나는 돈 때문이 아니라 유아 교육에 내 나름의 뜻이 있었다. 공무원으로 직장 생활했던 경험을 살려 잘 해내고 싶었다.

   유아교육학 전공자를 위주로 자격증과 성적, 품행, 가정 환경 등을 고려해 교직원을 뽑았다. 유치원 원장을 해 본 지인 두 분의 협조로 보건복지부와 시청, 구청의 요구대로 복잡한 서류를 모두 제출하고 인가를 받아 개원했다. 처음에는 원생의 연령별 정원이 부족한 채로 시작했다.

어린이집 운영 시기

다행히 국가에서 지역 사회 일자리 창출을 위해 개인이 설립한 사회복지법인의 직원 급여를 팔십 프로까지 지원해 준 덕분에 원활히 운영할 수 있었다. 사랑, 근면, 성실을 가슴에 새기며 봉사하는 마음으로 일하겠다고 다짐했다.

맞벌이인 학부모를 위해 이른 아침부터 교사들이 퇴근한 저녁까지 아이들을 봐주었고, 때로는 주말에도 일했다. 남의 집 아이들을 돌보는 일은 친손자를 키우는 것의 몇 배로 힘들었다. 그래도 영양분을 고려해서 짠 식단을 아이들이 남김없이 맛있게 잘 먹어 주면 그간의 고생을 싹 잊을 수 있었다. 한없이 귀엽고 예쁜 아이들과 입학식, 생일잔치, 견학 나들이, 졸업식을 했더니 나의 삶도 동심의 세계 속에서 윤택해지는 것만 같았다.

아이들은 저마다 각양각색이다. 취향부터 행동 방식, 성격까지 똑같은 아이가 없다. 말을 잘 듣는 아이가 있는가 하면 무례하게 고집을 부려 교사들을 힘들게 하는 아이도 있다. 어느 날은 재니라는 원생이 복도에 드러누워 발을 구르고 악을 지르며 울었다. 담임교사는 당황해 재니를 나에게 넘기고는 교실로 들어가 버렸다. 일단 나는 재니가 진정되기를 기다렸다. "응, 그래. 재니가 속상했어? 그래, 속상해. 무엇이 재니를 이렇게 화나게 했는지 말해 줘." 간식을 내밀며 달래 주니 감정이 좀 누그러진 재니가 이야기를 해 줬다. 재니가 화장실에 들어가 변기에 앉으려 했는데 다른 친구가 먼저 들어가서 문을 잠가 버렸다고 했다. 잠긴 문을 두드리며 화를 내다가 마음처럼 되지 않아 발버둥을 치며 울었다고 했다. 아직 어린아이들이라 친구에게 양보하거나 남의 입장을 헤아리는 법을 몰랐다. 그렇게 재니를 잘 달래 돌려보냈다고 생각했는데 다음 날 학부모가 찾아와 딸을 울렸다고 불평불만을 늘어놓으며 담임교사를 괴롭혔다. 전 직원이 학부모의 눈치를 보느라 불편해했다.

부모님이 직장에 다니느라 아픈데도 보살핌을 받지 못하고 어린이집에 오는 아이들도 간혹 있었다. 나는 그런 아이들을 부모 대신 병원에 데려가고, 다친 상처를 치료해 주고, 흔들리는 유치를 빼 줬다. 나중에 아이의 이야기를 듣고 학부모가 전화로 감사 인사를 전하면 흐뭇했다.

몇 해가 지나자 심성이 고왔던 몇몇 아이들이 봉사활동을 하러 우리 어린이집에 찾아오기도 했다. 앳되었던 옛 모습은 사라지고 의젓한 중, 고등학생이 되어 있었다. 그 애들은 한때 즐겨 놀았던 자기들의 기억 속 교실과 지금의 교실을 비교해 보곤 했다. 몸집이 커져서인지 더 작게 느끼는 듯했다. 나는 옛정에 아이들에게 간식을 꼭 먹이고 보냈다. 나를 만나러 다시 와 주는 졸업생들이 기특하고 고마웠다.

교사들의 근태 관리 역시 운영에서 빼놓을 수 없었다. 믿음으로 협력하는 관계였지만 한 번씩 잊을 수 없는 사건이 생겼다. 한 교사가 갑자기 외할머니가 돌아가셨다며 결근한 것이다. 그런데 같은 날 그 교사의 어머니께서 사무실로 전화하셨다. 나는 전화를 받고는 안부 인사차 "외할머니가 돌아가셔서 상심이 크시겠어요."라고 말을 건넸다. 그러자 "예? 누가 그래요? 아니요, 안 돌아가셨어요!"라며 깜짝 놀란 듯한 답변이 들려왔다. 이렇게 교사가 거짓말을 했다는 사실을 알게 될 때면 입장이 참 난감했다.

또 다른 교사는 아이들에게 사탕을 주었다가 그중 한 아이의 목에 사탕이 걸려 구급차를 불러야 했던 적도 있었다. 아이는 입원해서 고생은 고생대로 하고 치료 과정에서 학부모도 경제적, 정신적으로 고통받았다. 바로 전날 아이들에게 사탕을 주지 않기로 교사를 교육했음에도 일어난 사고였다. 해당 교사는 그 일을 수습하지 않고 퇴직을 선택했다. 성실하고 실력 있던 교사였지만 마무리가 아쉬웠다.

이십여 년간 일하면서 즐거웠던 이야기가 많다. 원생이 어리면 혹시나 내 기침 소리에 잠에서 깰까 봐 숨죽였다. 더 나이를 먹은 아이들과는 눈빛만으로도 뭘 말하고 싶은지 알아챌 수 있었다. 맑고 솔직한 아이들의 눈에서 사랑이 묻어날 때면 하루의 피로가 모두 녹아내렸다. 사랑으로 기른 아이들에게 오히려 내가 사랑받으며 많은 것을 배웠다.

위로의 길은 사랑 듬뿍

요즘에는 '종이 사랑' 회원들과 주기적으로 천혜경로원에서 종이접기 교육 봉사를 하고 있다. 천혜경로원 원장님과의 인연은 내가 어린이집을 운영하던 때부터 시작됐다. 아이들 사이에 있으면 그 순수하고 어여쁜 모습에 행복을 만끽할 수 있었다. 문득 외로운 어른들에게도 이 기쁨을 전하면 좋겠다는 생각이 들었고, 천혜경로원과 결연을 추진했다. 날짜와 시간을 조율해 한 달에 한 번씩 아이들을 데리고 경로원을 찾았다. 어르신들과 아이들은 조부모와 손주가 만난 것처럼 서로를 좋아했다. 아이가 어르신에게 안마해 드리겠다고 다가가면 어르신은 사랑을 담아 아이를 안았다. 외로운 어르신들의 마음을 어루만져 드리는 일이 얼마나 가치 있는 일인지 알았다. 삶에서 보람을 느끼고 희망의 씨앗을 심는 시간을 자주 가져야겠다고 생각했다. 그때부터 시작한 종이접기 봉사를 종이 사랑 동호회까지 이어갔다.

어르신들은 종이접기 교육 시간을 굉장히 즐거워하셨다. 몇몇은 강습 시간에 완성한 종이접기 작품을 면회하러 온 가족에게 전해 줄 거라며 챙기셨다. 그런 모습을 보며 나는 선물을 받을 가족들의 환한 얼굴이 떠올라 뿌듯했다. 그래도 대개는 작품을 놓고 가셨다. 열의를 다해 접고 펴던 종이를 놓고 가는 건 어떤 마음일까? 늙는다는 건 저렇게

위영

ⓒ 김리원

추억도, 미련도 없이 뒤돌아보지 않는 것일까.
 중국 우한에서 발생한 코로나19가 세계를 강타했고, 봉사 회원들의 면회 역시 금지되었다. 어르신들과 만나지는 못하더라도 회원들끼리라도 종이접기를 연습할 공간이 필요했다. 종이 사랑의 홍 회장과 김 총무의 열정 덕분에 회원들은 국립아시아문화전당 야외에서 다시 모일 수 있었다. 천막 아래 테이블을 펴고 의자에 앉아 다 같이 꽃과 새를 접었다. 비와 추위를 피할 수 있는 실내에서 모이는 게 허락된다면 우리 종이 사랑 동호회는 더 많은 봉사를 할 수 있을 것이다.

큰 아픔은 마음의 등불

 나는 언제나 누군가의 며느리, 형님, 엄마, 아내의 위치에서 있었다. 내가 맡은 역할을 잘 해내기 위해 부단히 노력했지만 인정받기란 무척 어려웠다. 겉만 반지르르한, 실은 가시밭인 인생길을 걸을 때마다 어머니께서 해 주신 말씀을 떠올린다. 결혼하기 전날 어머니는 울먹이는 목소리로 "정신적, 육체적 고통이 있을 때는 참을 인(忍)을 새기며, 한 박자 쉬면 지나갈 것이다."라고 일러 주셨다. 어둠 속에서 길을 잃을 때면 어머님의 말씀은 내게 앞길을 밝히는 등대가 되어 준다.

정년퇴직하고, 아이들도 다 키웠으니 이제 모든 책임을 내려놓고 여행이나 하며 즐겁게 지내려고 했더니 벌써 일흔이었다. 일흔에도 나는 인생이 부지불식간에 덮쳐 오곤 한다는 사실을 알지 못했다. 그해 나는 자궁경부암 진단을 받았다.

말로만 듣던 그 무서운 암! 내가 자궁경부암 환자라니, 믿을 수가 없었다. 죽음을 준비는커녕 생각조차 해 본 적 없었다. 피할 수 없는 일 앞에서 나는 온몸이 부들부들 떨렸다. 그때 어머니의 목소리가 뇌리를 스쳤다. "영아, 괜찮아. 힘내! 좋아질 거야." 또 한 번 나를 달래 주는 목소리에 기대어 긍정의 힘으로 일어섰다.

첫 항암 주사를 맞기 위해 중앙집중주사실로 찾아갔다. 생전 보지도, 듣지도 못했던 곳에 눕게 되니 더 큰 불안과 공포가 엄습했고 온몸이 싸늘해졌다. 고개를 들어 옆을 보니 광장처럼 넓은 주사실에 줄지어 놓은 침대와 누워 있는 환자들이 보였다. 환자가 된 내 처지가 실감이 났다.

병상에 누운 내 곁을 보호자인 남편이 지켰다. 나를 바라보는 남편의 따뜻한 눈빛이 든든했다. 주사를 놓으러 온 간호사는 다정한 말씨로 무서움과 긴장을 풀어 주었다. 간호사가 조카 성아를 닮은 듯해 더욱 마음이 갔다. 앞으로 남은 횟수를 손으로 꼽으며 항암 주사를 버텼다. 그러나 항암 주사가 끝나고 나를 기다린 건 퇴원이 아니라 열여섯 번의 방사선 치료와 세 번의 강내 근접 방사선 치료였다.

강내 근접 방사선 치료를 받는 동안에는 어두운 조명 아래에서 홀로 고통을 견뎌야 했다. 집에 돌아가서도 고열에 시달리며 식은땀을 흘렸고, 위 통증, 설통, 소화불량 등의 후유증을 겪었다. 앞으로 이런 치료를 몇 번이나 더 해야 한다고 생각하면 심란해서 잠이 오지 않았다. 그 고통을 다시는 겪고 싶지 않았다. 차라리 죽고 싶었다. 부모님도 성의껏 모셨고 자식들도 성인이 되도록 키웠으니 나는 살 만큼 산 것 아닌가. 입원실에 가서도 입맛이 없어 식판을 그대로 내보내고 가만히 눈만 감고 있었다. 죽은 듯이 누워 있다가도 보호자로 온 남편에게 화풀이했다. 죄인 대하듯 남편에게 화를 내고 치료받지 않겠다며 고집을 부렸다. 그래도 결국은 남편의 말을 따라 치료를 받았다.

산부인과 의사 선생님께서 치료가 잘 되었다고 해 주셨다. 그 뒤로 암은 차츰차츰 호전되어 진찰 시기가 삼 개월에서 육 개월로 늘어났다. 건강과 함께 일상을 되찾았고, 일상의 소중함을 다시 깨달았다. 새롭게 배울 기회를 주셔서 하느님께 감사드린다.

화순전남대학교병원 뒷산의 둘레길은 치유의 숲길이다. 꼬불꼬불한 오솔길을 오르내리며 운동하면 기분이 상쾌해진다. 걷는 동안만은 병원 뒷산을 산책하는 할머니가 아니라 동백나무 숲을 뛰놀던 유년기로 돌아간 듯하다.

이제 내게 남은 노후는 어린아이처럼 잘 먹고 자연을 만끽하는 것뿐이다.

동백나무는 비바람과 눈보라를 견뎌 내고 새빨간 꽃을 피워 낸다. 필 때나 질 때나 고운 자태로 그윽한 향기를 풍긴다. 그런 동백꽃처럼 나도 하느님의 딸로서 여생을 아름답게 정리하고 싶다. 의료진의 노고와 형제자매님들의 기도 덕분에 생이 연장되었으니 겸손하게 베풀며 살아가고자 한다.

최경희 崔京姬 이야기

저는 전라남도 영암군 군서면 동호리에서 1944년 3월 3일(음력)에 태어났습니다.

저는 시니어 클럽에 들어가 환경미화 일을 하면서 지내고 있습니다. 차를 몰고 고향 선산의 엄마 산소에도 종종 찾아갑니다. 험한 세월을 견디고 지금까지 살아 날마다 내 발로 걸을 수 있음에 감사하는 나날을 보냅니다.

가족에게 보내는 한마디

자식 모두가 몸도 마음도 건강하여 사회에서 제 몫을 다하고 살아가니 무얼 더 바라겠는가? 어려운 환경 속에서도 엇나가지 않고 제자리를 지키며 말썽 없이 자라 준 것에 한없이 고맙다. 나도 남은 생애를 최선을 다해 살리라 마음먹는다.

내 인생의 키워드

역지사지, 양보, 반성, 감사

나 어릴 때 우리 집은 아버지 한 분에 엄마가 다섯이었다. 엄마는 내가 태어난 지 한 달 만에 아버지가 처녀에게 장가갔다고 말씀하며 눈물을 흘리셨다. 기구한 내 인생은 날 때부터 고통이었다.

축복받지 못한 어린 시절

내가 나고 자란 영암군 군서면 동호리는 탐진최씨 집성촌으로 월출산과 기름지고 넓은 지남 평야, 풍요로운 영산강이 인접해 살기 좋은 곳이었다. 150여 채 규모의 마을에 팔백 명쯤이 모여 살았다. 그중에서도 우리 집은 상당히 유복했고 아버지는 멋쟁이 미남이었다. 농사는 전부 머슴에게 알아서 하라고 맡기고선 말쑥하게 차려입은 채 나들이만 다니셨다. 엄마는 심성이 곱고 얌전하며 똑똑하고 재주가 좋으셨다. 친척 중에는 공화당 위원도 있었고 외할아버지께서는 중학교 교장이었으니 집안부터 훌륭했다. 외할아버지의 영향으로 엄마도 공부를 많이 하셨다. 당시 마을 어른들은 대부분 문맹이어서 무슨 일이 생겨 글을 써야 할 때면 엄마가 붓을 들어 대필해 주셨다. 한마디로 양반집 안방마님 그 자체였다. 아버지에게도 새하얀 한산모시 두루마기를 곱게 손질해 입혀 드리기를 매일 하실 만큼 천사 같은 분이셨다. 엄마의 시중을 받은 아버지는 모자를 쓰고 가죽가방 하나 들고 나가 날마다 여기저기 다른 마을에 놀러 다니셨다. 오후 늦게 집에 돌아오실 때는 항상 술에 취해 있었고 엄마에게 욕설과 손찌검을 했다. 새 장가를 들고선 나와 엄마는 뒷전이고 첩에게만 신경을 썼다. 엄마는 속이 상한 나머지 내가 죽기를 바라며 젖도 주지 않고 방치했다고, 시간이 흐른 뒤에 눈물 흘리며 말씀하셨다.

   나는 늘 지쳐 있었고 제대로 먹지도 못한 채 매일 울기만 했다. 그런 불행 속에서 어린 시절을 보내다 국민학교에 입학할 때가 되었는데 6·25전쟁이 터졌다. 마을 사람들은 피난 다니는 게 일과였다. 나도 엄마 치맛자락에 매달려 피난을 가곤 했다. 그즈음 네 번째 첩이 들어왔는데 아버지보다 스물두 살이나 어렸다. 성품도 포악하고 표독스럽기 그지없었다. 그런 사람에게 나와 엄마는 눈엣가시였다. 지금 생각해 보면 우리 집은 영화 <장희빈> 같았다. 그 사람은 장희빈을 능가하는 수준이었고 엄마는 인현왕후처럼 참고 견디며 눈물로 세월을 보냈다.

   그 여자는 한 번 결혼한 적 있었다. 첫 남편은 경찰이었다고 했다. 이 때문에 우리는 경찰 가족으로 오해받고 괴뢰군에 시달렸다. 그땐 경찰 가족은 눈에 띄는 대로 총살당해서 아버지는 밖에 나다니시질 못했다. 어디에도 갈 수가 없으니 소 마구간에 굴을 파 그곳에 숨어 계셨다. 월출산에 주둔한 괴뢰군은 밤마다 산에서 내려와

온 집을 뒤졌다. 부엌에서 밥을 해 먹는 일은 예사였고 곡식은 물론 가축까지도 싹 쓸어갔다. 그런 날이면 엄마는 텅 빈 곡간을 보며 우셨다.

   전쟁 때 좋은 건물은 모조리 불타 버렸다. 내가 입학하려던 학교마저 사라진 통에 다른 마을의 학교에 가야 할 참이었다. 그러나 집에서 천덕꾸러기인 나를 학교에 데려다줄 사람은 아무도 없었다. 6km나 떨어진 길을 혼자 걸어 학교에 도착하니 이미 입학 면접이 다 끝나 있었다. 학교에도 못 다니게 될 줄 알았는데 사정을 아는 마을 어르신께서 내 손을 잡고 선생님께 가 주셨다. 그분께서 "이 아이도 입학시켜 주시오."라고 부탁해 겨우 면접을 보았고, 다행히 학교에 다닐 수 있었다.

   기대하던 학교에 다니게 된 터라 공부도 열심히 했고 우등상도 곧잘 받았다. 그러나 누구도 기뻐해 주지 않았다. 아버지는 원래부터 나에게 관심이 없으셨고, 엄마도 엄마의 삶이 고통스러워 나까지 신경 쓰지 못하셨다. 첩에게 천대받고 사는 엄마의 마음을 헤아리기엔 난 너무 어렸던 것 같다.

엄마를 죽이려 들었던 아버지

   국민학교 3학년 때였을 것이다. 밤에 잠을 자다가

주변이 소란스러워 일어났다. 부엌 바닥에 피가 흥건히 고여 있었다. 그 위에 엄마가 쓰러져 계셨다. 입으신 무명 적삼은 갈기갈기 찢어지고 피투성이가 되어 있었다. 밤사이 악독한 넷째 첩이 아버지에게 엄마를 험담했고 첩에게 놀아난 아버지가 엄마를 죽이려고 했다. 부엌으로 엄마를 끌고 나가 칼로 등을 두 번이나 찌른 것이다. 그 장면을 목격한 사촌 언니는 엄마 몸에서 피가 분수처럼 솟구쳤다고 말씀하시며 아버지는 사람도 아니라고 몸서리쳤다. 이 일로 엄마는 평생 후유증에 시달려 약을 달고 사셔야 했다. 그런 무서운 일을 저지르고도 첩은 분이 삭지 않았는지 기세등등해서 엄마에게 폭언을 쏟으며 삿대질을 해댔다. 집안사람들도 그 모습을 보며 저 여자는 인간이 아니라고 수군거렸다.

그때 살던 시골 마을에는 엄마를 치료할 수 있는 병원이 없었다. 그러니 사촌 언니가 밤새 소독약을 바르고 마이신 가루를 뿌려 붕대나 감아 주는 게 치료의 전부였다.

전쟁 통인지라 학교도 먼지가 수북이 앉은 창고에 가마니만 깔아 둔 곳이었다. 아침에 학교에 가자 담임 선생님이 날 창고 뒤로 불러내셨다. 영문도 모르고 따라 나갔더니 어젯밤에 일어난 일이 사실이냐고 물으셨다. 난 대답도 못 하고 엉엉 울었다. 선생님은 내 머리를 쓰다듬으시며 어서 공부하러 가자고 하셨다.

첩들의 전쟁

국민학교 5학년 때, 멀리서 살던 고모님이 웬 여자를 데리고 오셨다. 네 살 정도 되는 남자아이를 데리고 온 그 여자는 아버지의 다섯 번째 첩이었다. 독이 잔뜩 오른 넷째 첩이 그 꼴을 볼 리가 없었다. 다섯째 첩이 오면서부터 우리 집에서는 첩들의 전쟁이 시작되었다.

오기가 발동한 넷째 첩은 새로 온 여자에게 분풀이를 시작했다. 날이면 날마다 으르렁대는 두 사람 사이에서 큰소리가 나는 건 당연지사고 솥단지가 날아다니는 것도 예사였다. 머리채를 잡는 일도 다반사였고 험한 욕은 말할 수도 없었다. 두 첩들 사이에서 기가 더 죽어 버린 우리 엄마는 숨도 제대로 쉬지 못했다. 매일같이 벌어지는 첩끼리의 전쟁 통에 엄마는 허구한 날 담배를 피우셨다. 담배는 엄마의 시아버지에게서 배우셨다. 할아버지는 며느리가 속만 태우는 게 안타까웠는지 이거라도 피워야 네가 살겠다며 직접 가르쳐 주셨다. 그래도 엄마는 얼마 지나지 않아 담배를 끊으셨다. 원체 얌전하고 바르게만 살아오신 양반집 규수셨으니 그럴 만했다.

지긋지긋한 싸움판에서 승리를 거머쥔 건 넷째 첩이었다. 하루가 멀다고 머리채를 잡히던 다섯째 첩이 이 년 만에 못 견디고 집을 나갔기 때문이었다. 집과 재산, 아버지까지 모든 걸 거머쥔 그는 의기양양했다. 엄마께 툭하면

"늙은 년!"이라고 욕하더니 자신의 젊음은 영원하리라고 믿었을까? 세월 이기는 인간이 세상에 어디 있으랴. 첩도 남들처럼 나이를 먹었고 병들었다. 지금은 요양병원에서 기저귀를 차고 누워 있다. 그토록 독기 가득했던 사람도 세월 앞에 무너지는 걸 보니 한편으론 허무하고 씁쓸하기도 했다. 인생에서 영원한 건 아무것도 없다는 사실을 이제는 그도 알리라.

꿈꾸는 것도 사치였다

최경희

집에서 학교까지는 멀기만 했다. 눈보라가 몰아치는 날에도 빠지지 않고 혼자 학교까지 걸어갔다. 어린 내게는 따뜻한 옷도 신발도 없었다. 너무 추워서 손발이 꽁꽁 언 채 집에 올 때는 울기도 했던 기억이 있다. 그런 와중에도 꿋꿋이 공부해서 종종 일 등을 차지하기도 했다. 졸업할 때는 나 혼자 육 년 개근상을 받았다. 교장 선생님은 내가 받은 것이 가장 큰 상이라고 칭찬하셨다. 옆 마을에 중학 과정을 가르치는 곳이 있어서 시험을 쳤고 새 학기부터 다니기로 했다. 아버지는 진학을 반대하셨지만 학교에 다니겠다는 내 고집을 꺾지는 못했다. 집에서는 문 뒤에 숨어서 공부하며 중학교 삼 년을 다녔다.

그 와중에 술이 과했던 아버지의 몸에 병이 났다.

온몸이 쑤시고 열이 펄펄 나는데도 춥다며 이불을 덮은 채 떨고 계셨다. 난 옆 마을에서 의사 선생님을 모셔 왔다. 선생님께서는 빨리 큰 병원으로 가야 한다고 하셨다. 엄마가 아버지를 모시고 목포에 있는 병원에 가서 큰 수술을 받게 하셨다. 수술은 잘 끝났지만, 간에 염증이 심해서 큰일이 날 뻔했으니 앞으로는 반드시 금주해야 한다는 소견을 들었다. 그러나 아버지는 술을 끊지 못하셨다.

　아버지께서 병원에 실려 가던 날 학교에서는 수학여행을 떠났다. 나는 갈 수 없었다. 수학여행을 빠진 건 나뿐이었다. 그런 집안 환경이었으니 고등학교까지는 꿈도 꿀 수 없었다. 나에게 고등학교는 좋은 부모 밑에서 호강하는 아이들이나 누리는 사치였다.

　전쟁이 끝난 후 아버지는 자유당 군당 위원장직을 맡았고 3·15부정선거에 적극적으로 개입하셨다. 투표 날에는 마을 주변에 바리케이드를 쳐서 외부인이 출입하지 못하게 막았다. 아버지는 투표소 앞을 지키고 서서 마을 사람들이 세 명씩 조를 짜 투표소로 들어가게 하는 일을 맡으셨다. 그러나 얼마 뒤 4·19혁명이 터지고 온 나라가 뒤숭숭해졌다. 뉴스에선 날마다 학생들이 데모한다는 소식뿐이었다. 결국 아버지가 부정선거를 주도했던 탓에 우리 집도 폭삭 망해버렸다.

　눈물로 세월을 보내시던 엄마는 자주 흥타령을 하며

최경희

엄마의 세 딸들

우셨다. 아들 둘에 딸 셋을 낳았는데 아들들을 홍역으로 잃었고 나를 포함해 딸 셋만 살았다. 어쨌건 당장에 아들이 없다는 이유로 핍박받으며 첩이 다섯이나 들어오는 꼴을 보셨으니 한이 맺혔을 터였다. 난 그런 엄마에게 울지 말라고 말하면서도 같이 울었다. 지금 생각해 보면 엄마는 당신의 한을 그렇게 토해낼 수밖에 없었던 것 같다.

내 고향, 내 집에서 쫓겨나다

결국 올 것이 왔다. 넷째 첩과 아버지는 나와 엄마를 쫓아내기로 결정했다. 작은언니마저 시집가고 나니 집에 남은 건 엄마와 나 둘뿐이었다. 첩은 어떻게든 우리를 쫓아내어 재산이며 살림을 전부 차지할 속셈이었다. 날마다 나가라며 폭언을 일삼고 들들 볶으니 그 괴로움을 도저히 견딜 수 없어 고향을 떠나기로 마음먹었다. 내 나이 열여덟 살 때였다. 그 불구덩이에 불쌍한 엄마를 두고 나올 수는 없었다. 고향을 떠나는 순간까지도 첩은 삿대질과 폭언을 했다. 서슬 퍼런 도끼눈을 뜨고 감시하는 것도 모자라 이것저것 참견하기까지 했다. 나중에 안 사실이지만 그는 전부터 엄마와 내 뒤를 캐고 다녔다. 우리가 이왕 떠나게 된 거 집안 재산을 빼돌릴 거라고 여긴 것이었다. 애당초 그럴 생각도 없었지만 첩의 감시에 쌀 한 주먹도 주머니에 담지 못했다. 아침 일찍 리어카에 엄마가 시집올 때 해 오셨다는 이불 한 채와 옷 몇 가지를 싣고 집을 떠났다. 마을 사람들은 첩에게 쫓겨나는 우리 모녀를 보면서 막내딸에게 이불 짐 지고 떠나게 한다고, 세상에 저런 일도 있다고 말했다. 한 분은 내 손을 잡고 그날 소도 개도 산천초목도 다 울었다고 하셨다. 그렇게 엄마와 나는 첩의 등쌀에 못 이겨 고향을 떠나 아무 연고도 없는 광주에 왔다.

월산동에 삼만 원짜리 부엌방을 얻고 메리야스 공장에서 시다 일을 시작했다. 월급이 얼마였는지 지금은 기억이 안 나지만 한 그릇에 오 원이던 점심 국수도 못 먹고 굶어야 할 정도였다. 국수 공장에서 국수를 포장하고 남은 찌꺼기를 받아와 강냉이 가루와 섞어 끓여 먹는 게 끼니였다. 먹고사는 게 그 정도로 형편없었다. 그러다가 5·16군사정변이 터지고 온갖 제도가 바뀌었다. 남자들만의 영역이었던 차장 자리에 여자를 뽑는다는 방이 붙었다. 나는 망설임 없이 응시했고 최종 합격해 첫 여자 차장이 되었다. 일은 무척 고됐지만 엄마와 둘이 지낼 수 있는 정도의 월급을 받았다.

그러나 이 년 만에 사표를 냈다. 일을 나갔다 들어오면 현금을 다룬다는 이유로 몸수색을 했기 때문이었다. 모멸감을 느껴 도저히 견딜 수 없었다. 차장 일을 관둔 뒤 편물 학원을 석 달 동안 다녔다. 거기서 배운 간단한 기술을 활용해 남의 가게 한 편에서 주문받고 기계로 스웨터를 짜서 돈을 벌었다. 그런대로 벌이가 되기는 했다.

새로운 구렁텅이, 결혼

하루는 내가 구토를 심하게 했고 허리도 못 펼 정도로 고통스러워 정신을 못 차렸다. 엄마는 안절부절 떨고만 계셨다. 한밤중에 아는 분 등에 업혀 병원에 갔다. 진단 결과는 급성 맹장염으로 당장 수술하지 않으면 안 된다고 했다. 그 말에 엄마는 기절하셨다. 다행히 수술은 잘 끝났지만 입원비가 부담돼 며칠 뒤에 퇴원하기로 했다. 의사 선생님은 막 수술이 끝났으니 며칠간은 입원해 경과를 지켜봐야 한다고 말씀하셨지만 돈이 없으니 별수 없었다. 결국 나흘 만에 실을 빼고 절대 안정하겠다는 약속과 함께 집으로 돌아왔다.

이 일이 있고 난 뒤 엄마는 날 결혼시켜 어떻게든 고생을 덜어주려 했다. 나중에 알았지만 엄마의 큰동서가 당신 시동생과 나를 결혼시키자고 엄마에게 졸랐다고 한다. 그 남자는 나보다 나이가 열 살이나 많았다. 엄마는 아버지보다 연상이었기에 젊은 첩에게 무시당하고 늙은 년이란 욕을 들었으니 남자가 연상이어야 아내를 사랑한다고 생각하셨던 모양이다. 문제는 그는 이미 결혼도 한번 했다는 것과 전쟁 때 부모님을 잃고 형수

밑에서 자라며 가정 교육이나 학교 교육을 전혀 받지 않은 사람이라는 것이었다. 서당에서 글자만 겨우 배웠고 마땅한 거처 없이 여기저기 떠돌며 가끔 가게 점원 같은 일만 했다고 들었다. 내가 결혼을 거절하자 남자 쪽에서 조건을 걸어왔다. 혼수는 아무것도 해 오지 않아도 되며 자신이 엄마를 평생 친어머니처럼 모시겠다는 것이었다.

  나는 내 인생보다 여태 고난만 있었던 엄마의 지난 인생이 더 안쓰러웠다. 그래서 엄마를 친어머니처럼 모신다는 다짐을 듣고 결혼을 결심했다. 그때 내 나이 스물두 살, 남자는 서른두 살이었다. 그런데 막상 결혼하고 보니 그는 우려했던 것보다 더 심각했다. 남편은 술을 너무 많이 마셨고 생활 능력이 전혀 없었으며 삶의 의미 같은 것도 중요하게 여기지 않았다. 모든 게 제멋대로였으니 가족에 대한 책임감이 있을 리 없었다. 별다른 직업도 없이 그날그날 닥치는 대로 살았다. 날마다 술에 취했고 습관적으로 욕설과 손찌검을 했다. 그럴 때마다 그는 엄마를 힐끔거렸다. 이해하지 못할 건 없었다. 내 부모도 모시지 않고 버리는 세상이다. 그러니 벌이도 없는 남자가 남의 엄마를 모시는 게 가능할 리 없었다. 남편으로서는 엄마가 얼마나 미웠겠는가? 엄마를 미워하는 마음은 나를 향한 폭력으로 돌아왔다. 엄마는 눈물만 흘릴 뿐 한마디도 하지 않으셨다. 그런 엄마의 모습이 더 속상했다. 인생이 고통의 연속이었다. 모든 걸 끝내고 싶다고 수십 번 생각했지만 그럴 때마다 불쌍한 우리 엄마가 떠올라 죽어 버릴 수도 없었다.

지독한 인생은 끝날 줄 모르고

그런 중에도 나는 임신을 해 5남매를 낳았다. 병원비가 없어 전부 집에서 출산했다. 서른한 살에 막내를 낳았는데 그날도 남편은 나에게 죽일 듯이 달려들었다. 밥상까지 흉기가 되어 날아다녔다. 산산조각이 난 밥상을 보며 난 하염없이 울었다. 모든 것이 공포였다. 살기 어린 남편의 주먹은 내 몸 이곳저곳을 닥치는 대로 때렸고 결국 내 앞니 세 개를 한꺼번에 부러뜨렸다. 피가 철철 나고 있으니 옆집 아주머니가 자기 집으로 나를 데려가고 약도 사다 주었다. 다음 날 아침 아주머니의 도움으로 기독병원에 가 진료받았다. 치료 도중에 정신을 놓아버리기도 했다. 의사 선생님께서는 치아도 치아지만 속이 다 버렸으니 내과 진료를 먼저 받아야겠다고 말씀하셨다. 병원과 집은 4㎞가 넘는 거리였는데 그 길을 혼자 오가며 한없이 눈물을 쏟았다. 내 몸은 지칠 대로 지쳐갔다. 제대로 먹지도 못해 아이 먹일 젖도 나오지 않았다. 분유를 사 먹일 돈이 없어 방앗간에서 갈아온 쌀을 끓여 먹이면서 키웠다.

남편에게 폭행당할 때마다 앞집 할머니는 왜 그렇게

바보처럼 사느냐고, 제발 그만 살라고 말했다. 내 몸뿐 아니라 가구나 살림살이도 화를 못 참는 남편 손에 남아나질 않았다. 심지어 방 문짝까지도 화풀이 대상이 되어 부서졌다. 그러나 엄마와 애들을 두고 극단적인 생각을 할 수 없었다. 악착같이 사는 것만이 답이었다. 틈나는 대로 부업을 해 돈을 벌었다. 날마다 잠 쫓는 약을 사 먹으며 밤낮없이 일해 다리와 얼굴이 터질 듯 퉁퉁 부었다. 내가 일할 동안 엄마가 아이들을 잘 돌봐주셔서 큰 힘이 되었다. 천만다행으로 자식들은 모두 건강하게 잘 자랐고 공부도 곧잘 했다. 우등상도 척척 받아 오는 걸 보며 나에게도 실낱같은 희망이 있다는 생각이 들었다.

   편물점에서 십오 년 정도 일하다 그만둔 뒤에는 충장로의 '필동사'라는 기생복 공장에 경리로 취직했다. 퇴근이 늦어지는 날이면 남편은 술에 취해 충장로 한복판에 누워 빨리 퇴근하라고 고래고래 소리를 지르곤 했다. 너무 창피해서 그 일도 일 년을 겨우 넘기고 그만두고 말았다.

   그 뒤 1986년 4월경 보험회사에 입사했다. 회사에나 고객들에게나 내가 보여줄 수 있는 건 성실하고 신용 있는 모습뿐이었다. 온종일 누구보다 열심히 일한 것을 인정받아 본사로부터 '장한 어머니 상패'를 받았고 이듬해에도 표창장을 받았다. 하루는 국장님이 회사 사보 모델로 나를 뽑았으니 사진을 찍자고 하셨다. 모델을 하면 소장으로

최경희

승진시켜 주겠다고까지 했으나 나는 극구 반대했다. 모델이 되는 것도 창피했을뿐더러 다섯 아이를 키우려면 수입이 더 나은 영업직을 계속하는 편이 좋았다. 영업직은 내가 부지런히 일할수록 그만큼 소득이 늘었다. 자식들을 키우고 교육하며 가정을 책임져야 했기 때문에 제아무리 승진이 보장된다고 해도 엄두를 낼 수 없었다.

엄마, 그곳은 평안하지?

남편이 술에 잔뜩 취한 채 병원에 실려 갔다. 밤 12시경 눈길에 쓰러져 있던 남편을 지나가는 택시가 미처 보지 못하고 들이받아 허리가 부러지는 중상을 입은 것이다. 남편은 일 년이나 입원해야 했다. 그때는 병원에서 환자에게 밥을 제공하지 않았다. 아침 일찍 도시락을 여덟 개씩 만들면 다섯 개는 애들이 챙겨서 등교했고, 나는 나머지 세 개를 들고 병원에 들렀다가 출근했다. 일 년이 지나 남편이 퇴원할 때까지 이런 생활을 계속해야 했다.

남편은 술 때문에 크게 다쳐 놓고도 또 술을 마셨다. 병원 침대 밑에 술병을 감춰 놓고 마시기도 했다. 정말로 기가 막혔다. 퇴원한 뒤에도 술을 끊지 못해 날마다 취해 있었다. 음력 정월달, 눈이 펑펑 쏟아지는 어느 밤이었다. 술에 취한 남편이 월산동에 있는 광주 MBC 뒷산에 의식을 잃고 쓰러져 있다는 전화가 왔다. 행인이 남편 주머니에서 내 명함을 발견하고 거기 적힌 번호로 전화한 모양이었다. 옆집 어르신과 아이들을 데리고 가 보았더니 아니나 다를까, 남편은 눈이 수북이 쌓인 산길에 정신을 잃고 드러누워 있었다. 어르신과 애들까지 네 명이 끌고 오는데 길은 미끄럽고, 눈은 내리고, 앞은 잘 보이지도 않아 너무도 힘겨웠다. 겨우 남편을 집에 눕히고 난 곧장 방바닥에 주저앉고 말았다. 이 광경을 엄마가 보고선 쓰러지고 말았다. 그때 엄마 연세가 여든넷이었다. 엄마는 쓰러진 뒤로 회복하지 못한 채 자리에 누우셨다. 그때부터 독한 마음을 잡숫고 곡기를 끊으셨다. 날마다 뭐라도 드실 것을 권했지만 엄마는 당신의 갈 길을 택하신 것 같았다. 이를 악물고 물도 거부하셨다. 어떻게 할 길이 없어 영양제 주사라도 놓아 드렸지만 그 외에는 방법이 없었다. 건강이 나날이 나빠지는 게 눈에 보였다. 꺼져 가는 불꽃처럼 기력이 희미해졌다. 엄마는 귀찮다며 곁에 오지 못하게 했지만 나는 밤마다 엄마를 껴안고 울었다. 엄마의 가늘어진 숨소리를 지금도 잊지 못한다.

    그날도 난 출근했다. 그때는 보험 가입자에게 직접 찾아가 보험료를 수금해서 회사에 입금해야 했기 때문에 하루도 쉴 수 없었다. 이상하게 마음이 급한 것이 예감이 좋지 않았다. 오전 11시경 남편이 얼른 집에 오라고, 상황이 급박하다고 전화했다. 얼른 택시를 타고 집에 와

최경희

ⓒ 이나현

보니 엄마는 딸의 얼굴도 보지 못한 채 먼 길을 떠나고 말았다. 너무 죄송해서 엄마의 목을 껴안고 한없이 울었다. 그날이 5월 9일이었다. 그래서 엄마 제사는 5월 8일이다. 남들에게는 어버이날이지만 내게는 어머니 날인, 바로 그 날짜다. 해마다 이날이 오면 엄마 사진 앞에 카네이션을 놓고 술을 따른다. 늘 얌전하고 인자하셨던 엄마의 모습을 더는 볼 수가 없다. 엄마, 그곳은 엄마 괴롭히는 포악스런 첩 장희빈도 없고 눈치 주는 사위도 없지? 손찌검만 하는 남편도 없지? 삼일장으로 고향 선산에 엄마를 모셨다. 한 달에 한 번씩 가서 목 놓아 울어도 엄마는 대답이 없었다. 그 애처로운 모습을 본 이모님은 내가 그렇게 슬퍼하면 엄마가 좋은 곳으로 떠나지 못한다고 야단치셨다. 마음 단단히 먹고 엄마를 좋은 곳으로 보내드리라고 말씀하셨다.

돈 때문에 흘리던 눈물

집에 대학생이 네 명이나 되니 등록금이 천만 원 정도 되었다. 눈앞이 캄캄했다. 지금은 인터넷 뱅킹을 할 수 있지만 그땐 오후 4시까지 은행에 가 창구에서 입금해야 했다. 돈을 구하기 위해 이리 뛰고 저리 뛰고, 종일 정신이 없었다. 여기저기 사정해 돈을 구해서 겨우 입금하고 나니 긴장이 확 풀려 쓰러질 것 같았다. 은행 밖으로 막 나서는데

거나하게 술에 취한 남편이 보였다. 또 시내를 하릴없이 돌아다니고 있었다. 그걸 보고 엉엉 울었다. 남편이 그렇게 미울 수가 없었다. 남편은 속도 모른 채 누구랑 싸우고 우느냐고 물었다. 속상하고 야속했다.

　돈 때문에 도저히 숨을 쉴 수 없는 나날이었다. 결국 아들 셋을 교대로 군대에 보내기로 결심했다. 입영 통지를 받은 사람 중 부득이하게 입대하지 못해 결손이 생긴 자리를 다른 사람이 메울 수 있다는 걸 그 무렵 알았다. 아마 병무청 직원에게 사정해서 자식을 군대 보낸 사람은 드물 것이다. 그렇게 아들들을 군에 보내고 나니 겨우 조금씩 숨 쉴 수 있었던 것 같다.

　그러나 애들 면회는 꿈도 꿀 수 없는 사치였다. 매일매일 일하지 않으면 안 되었다. 그러다 막내가 제대하고 내게 이런 이야기를 했다. 제가 군대에서 기록을 세웠다고 했다. 무슨 기록이냐 물으니 입대부터 제대까지 부모님이 면회 한 번 안 오는 '무면회' 기록이랬다. 너무도 가슴 아프고 미안했다.

　둘째 딸이 대학에 가기 전의 일이다. 딸이 전남대학교 사범대학에 합격해 합격증을 받으러 갔다. 교문에 들어서는데 커다란 현수막이 걸려 있었다. 컴퓨터에 오류가 나서 합격과 불합격이 뒤바뀌었다는 내용이었다. 그때까지는 나와 관련 없는 문제일 거라고 생각했다. 그런데 우리 딸도 뒤바뀐 사람 중 하나였다는 말을 듣고 깜짝 놀랐다. 세상에 이럴 수가! 난 기가 막혀 학과장을 찾아갔다. 어처구니없고 억울해 따져 물었다. 학과장은 과목 점수는 충분했지만 논술 점수가 부족해서 떨어졌다는 어색한 변명을 하면서 불합격이라고 못 박았다. 나는 그럴 리가 없으니 자료를 좀 보여 달라고 요구했다. 어느 부분에서 몇 점을 받았는지 확인하기 전에는 절대 수긍할 수 없다고 했다. 학과장은 그 자료를 밤새 소각해서 보여 줄 수 없다고 했다. 아이들 장래가 걸린 자료를 그렇게 쉽게 소각해 버릴 수 있는지, 도무지 받아들일 수 없었다. 아는 기자에게 이 사건을 낱낱이 말했으나 다음 날 광주일보 한구석에 짤막하게 몇 문장 적힌 것으로 그치고 말았다. 소는 대를 이길 수가 없다는 걸 절절히 깨달았다. 그러나 다행스럽게도 딸은 전남대에서 떨어진 덕에 다른 대학에 지원할 수 있었고, 이화여대 영어영문학과에 입학했다. 전화위복이 된 셈이었다.

　아이들이 성장할 동안에도 남편은 술에 취해 정상이 아니었다. 그가 몸에서 풀어낸 허리띠는 내 온몸을 뱀이 기어 다니는 모습으로 만들었다. 어린 자식들은 서로 껴안고 연탄창고에서 울며 밤을 보냈다. 무엇 하나 제대로 해 주지 못했는데도 애들은 서울에 있는 대학에 진학할 만큼 공부를 잘했다. 가끔 장학금도 타 오는 모습이 장하고 대견하기만 했다.

나의 작은 희망들

　서울에 반지하 방을 구해 지내는 애들에게 반찬을 해다 나른 세월만 십오 년이었다. 광주역에서 오후 11시 59분에 출발해 영등포역에 새벽 4시 30분 도착하는 기차로 한 달에 한 번씩 반찬을 들고 올라갔다. 새벽에 애들 자취방에 도착하면 냉장고에 새 반찬을 채우고 세탁기를 세 번씩 돌린 뒤 밤 기차를 타고 내려와 다음 날 출근했다.
　사범대학을 졸업한 큰딸은 고등학교에 발령받아 교사로 일하다가 의사와 결혼했다. 둘째 딸은 외국 회사에 취직했다. 첫 월급으로 삼백만 원 받은 것을 나에게 주면서 제일 필요한 데에 쓰라고 했다. 고민 끝에 차를 한 대 샀다. 엄마를 보러 산소에 다니기 위해서였다.
　딸이 준 돈으로 산 차를 갖고 또 남편은 사고를 쳤다. 자정 넘은 시간, 술에 취한 채 차를 끌고 나가더니 기어이 사고를 내버린 것이다. 차는 처참하게 부서져 있었고 남편은 술이 깨지 않아 아무 정신이 없었다. 평생에 도움이라곤 되지도 않고 말썽만 부리는 게 어처구니가 없었다.
　둘째 딸이 미국 버지니아에서 교포와 결혼하게 되어 남편과 나, 언니 세 명이 미국에 갔다. 모든 결혼 준비는 사돈댁에서 했으니 우리는 호텔에서 한인교회에 마련된 예식장으로 가기만 하면 되었다. 교민들이 하객으로

작은 딸 결혼 때 미국 여행 중 나이아가라 폭포 앞에서

많이 참석했는데 전부 모르는 사람이었다. 모든 것이 낯설었지만 사돈들의 배려로 걱정과 달리 결혼식을 잘 마쳤다. 다음 날부턴 사돈들의 도움으로 미국 곳곳을 관광했다. 백악관을 비롯해 알링턴 국립묘지, 루레이 동굴, 국회의사당, 쌍둥이 빌딩(그때 쌍둥이 빌딩은 공격당하기 전이었다), 오페라 하우스, 심지어 나이아가라 폭포까지 며칠에 걸쳐 여행했다. 내 인생에서 가장 멋진 날들이었다.

결혼한 지 일 년 만에 첫애를 낳은 둘째 딸의 산후조리를 도우러 미국에 갔다. 남편은 가는 김에 양주와 가루담배 등을 사 오라고 했다. 그 얘기를 들은 딸은 가루담배가 뭐냐고 물었다. 곰방대에 담아서 피우는 담배라고 말했더니 딸은 화가 나서 여기가 민속촌이냐며 뻘쩍뻘쩍 뛰었다. 난 산모가 몸을 그렇게 함부로 하면 못쓴다고 말렸지만 아랑곳하지 않았다. 한번은 남편이 임플란트할 돈을 달라고 했다고 전했더니 딸이 임플란트는 무슨 임플란트냐면서, 그놈의 이빨을 갖다 연탄집게로 싹 뽑아 버리라고 말했다. 그렇게 불같은 성격인 딸도 남편 앞에서는 말괄량이처럼 굴었다.

야속한 당신, 다음 생에는 부디 인간답게 사시오

막내의 인하대학교 공과대학 졸업식 날 모처럼 가족끼리

인천 송도에서 점심을 먹었다. 그때 나도 나를 위해 살고 싶다고 말했는데 그것이 마가 꼈는지 하늘은 내가 행복해지게 놔두지 않았다. 바로 다음 날 술을 잔뜩 먹은 남편이 뇌졸중으로 쓰러진 것이다. 숨 돌릴 틈을 주지 않는 하느님을 원망했다. 전남대병원 응급실에 남편을 입원시키니 회사 일과 집안일에 병간호까지 할 수 없어서 간병인을 고용했다. 낮에는 간병인이 남편을 돌봤고 밤에는 내가 병실을 지켰다. 입원한 지 닷새 정도 된 날 저녁, 간병인과 교대하러 병원에 갔다. 9시 뉴스를 하고 있을 때였다. 남편의 얼굴이 창백한 게 곧 무슨 일이 일어날 것만 같아 불안했다. 아무래도 이상해서 의사 선생님에게 좀 봐 달라고 말했는데 의사는 컴퓨터만 들여다보고 내 말은 무시했다. 난 세 번이나 선생님에게 말씀드렸지만 들은 척도 않으셨다. 하는 수 없이 병실로 돌아왔다. 약을 먹이려 베개 밑으로 손을 넣고 상체를 일으켰더니 코, 입, 항문 할 것 없이 구멍이 뚫린 곳마다 피와 불순물이 콸콸 쏟아져 병원 바닥이 아수라장이 됐다. 그제야 의료진들이 남편 병실로 달려와 응급조치했다. 큰 산소통을 들였고 급하게 수혈도 받았다. 피가 잔뜩 빠져나온 남편의 몸은 백지처럼 하얬다. 새벽 세 시가 되자 의사 선생님이 위험한 고비를 넘겼다고 했다. 날이 밝고 정밀검사를 해 보니 위천공이라고 했다. 정신을 차린 남편은 한방병원으로 가길 원해 월산동 동신한방병원으로 옮겼다. 와중에 6인실은 싫으니 1인실로 가겠다고 고집하는 남편이 정말 미웠다.
　치료를 계속해도 병세는 차도가 없었고 오히려 후유증으로 몸의 왼쪽이 완전히 마비되었다. 병원에서는 이제 본인의 의지로 운동하고 약물 치료를 하는 방법밖에 없다고 했다. 남편은 운동은 하지 않고 짜증만 냈다. 하는 수 없이 다섯 달 만에 퇴원시켰다. 집에서도 술을 사 오라고 성화였다. 술을 사다 주지 않으면 직접 사러 나갔는데 제대로 걷질 못하니 자꾸 넘어져서 피투성이가 된 얼굴로 돌아왔다. 그러느니 차라리 술을 사다 주는 게 나았다.
　언젠가부터 밤늦게 퇴근하면 남편은 날 제대로 쳐다보지 못했다. 미안하다며 눈물을 흘리기도 했다. 지긋지긋한 폭언과 폭행은 더 이상 없었다. 진즉 속 좀 차리지, 하는 생각에 야속하기도 했다. 뇌졸중으로 쓰러진 지 오 년 만에 남편은 저세상으로 갔다. 미안하다며 눈도 감지 못했다. 후회의 눈물을 흘리는 듯했다. 남편이 일흔한 살, 내가 예순한 살 때였다.

기나긴 인생의 마지막 고개를 넘으며

　이제는 애들도 다 자라 결혼도 하며 각자의 자리에서 살아가고 있다. 다만 큰아들이 절대 결혼하지 않겠다고 선언한 게 마음에 걸린다. 엄마 아빠가 화목하게 사는

최경희

2001년 봄, 백두산 환갑 여행

모습을 보여 주지 못해 상처받은 것 같아 미안하다. 미국 애틀랜타에서 사는 둘째 딸은 작년 미국 전체에서 최고의 선생님으로 뽑혀 상을 받았다. 억울한 일을 당했어도 신문에 몇 문장 실리고 그만이었던 그때와 달리 이번에는 미국 신문에 사진과 함께 커다랗게 실렸다. 내가 그동안 어려움을 견디고 살 수 있었던 것은 아이들이 착하고 몸도 마음도 건강한 사람으로 자라줬기 때문이라고 생각한다. 다들 말썽 없이 사는 것이 어쩌면 먼저 간 엄마의 보살핌 덕분이 아닐까 싶다.

    너무나 힘들었던 내 인생을 돌아보면 많이도 울고 견디기만 하며 살았다. 길가에 버려도 개도 물어가지 않을 인생이 내 운명이고 팔자겠거니 생각한다. 그래도 오늘도 두 다리로 걸을 수 있어 감사하고 행복하다. 지금은 시니어 클럽에 들어가 환경 미화를 하면서 하루하루 의미 있게 살고 있다.

    이만큼 살다 보니 나에게도 기쁜 날, 자랑할 일이 생기는 듯하다. 혼자 과거를 곱씹으며 엄마 사진을 본다. 불쌍한 엄마께 효도 한번 못한 것이 가슴 시리도록 후회스럽다. 사진 속 엄마는 내게 이젠 울지도 슬퍼하지도 말고 행복하라고 말씀하신다. 엄마, 이젠 울지 않을게요. 잘 계셔요. 엄마는 나의 영원한 멘토였고 롤모델이었어요. 나는 속으로 대답한다. 엄마, 안녕.

정기수 丁棋壽 이야기

저는 1947년 3월 5일에 녹차의
고장으로 유명한 전남 보성군 회천면
봉강리에서 2남 5녀 중 장남으로
태어났습니다.

50여 년간 얽매인 직장 생활을
정리하고, 광주 집과 보성 고향 집을
오가면서 지냅니다. 시골집 정원을
가꾸며 여유로운 시간을 보내고
있습니다.

가족에게 보내는 한마디
오늘이 있기까지 나에게 행복의 날개를 달아 준 아내와 두 아들 그리고 며느리와 손녀들까지 고맙고 또 고마울 뿐이다.

키워드
정직, 성실, 부단한 노력

목마름의 유년 시절

반백 년을 매여 있었던 직장에서 벗어나니 시골집에 드나드는 일이 잦아졌다. 내가 태어나 청년 시절을 보낸 시골집은 전남 보성군 회천면 율포 해수욕장 인근이다. 툇마루에 앉으면 멀리 득량만이 한눈에 들어오고 뒤로는 일림산과 매봉산이 병풍처럼 드리워져 여가를 즐기기에 참 좋은 곳이다.

정든 어린 시절 추억이 가득한 이곳을 떠나 공직자로서 38년, 종교단체 봉사책임자로 4년, 그리고 제2 금융권 책임자로 8년…. 총 50년 이상을 다람쥐 쳇바퀴 돌 듯 쉬지 않고 오직 일에만 묻혀 생활했다. 뭇사람들은 세월이 무상하다고 하는데, 내가 살아온 나날을 돌아보면 힘들고 고달팠지만, 결코 무상한 세월은 아니었다. 겨울바람을 이겨 내고 피어난 봄꽃처럼 내 인생의 꽃 또한 참 아름답게 피었다는 생각이 든다.

나는 1947년 3월 5일, 시골 농부의 7남매(2남 5녀) 중 장남으로 태어났다. 정말 아이러니한 시대에 유년기를 보냈다. 해방 직후 사람들 사이에 희망이 가득했지만, 민족의 대 비극 6·25전쟁이 일어나 세상은 다시 최악으로 치달았다. 부모님은 이 시대에 태어난 나를 안타깝게 여겨 자주 속을 태우셨다. 불황 속에서 첫 비극은 빠르게 찾아왔다. 초등학교를 우수한 성적으로 마친 나는 중학교 진학을 잔뜩 기대하고 있었다. 그러나 부모님은 내게 정규 교육 과정을 포기하도록 종용하셨다. 가사 형편이 여의치 않은 것이 표면적인 이유였지만, 나를 혼자 객지로 보낼 수 없다는 어머니의 거센 반대가 뿌리 깊게 깔려 있었다. 어머니께서는 결단코 나를 타지에 보낼 수 없다며 강경한 태도를 보이셨다.

집안의 대를 잇고, 제사를 지내야 한다는 명목으로 남아 선호 사상이 심했던 시대에 어머니는 딸만 넷인 집안에서 막내로 태어나셨다. 아들이 태어나길 기대한 집안에서 막내딸로 태어나셨으니 알게 모르게 원망 섞인 핀잔을 많이 들으셨으리라. 그렇기에 어머니께서도 아들을 낳길 간절히 원했는데 내리 딸 둘을 낳고서 결국 나를 낳으신 것이다. 어머니에게 나는 가부장 사회의 갖은 핍박에서 구원의 빛과 같은 소중한 아들이었을 것이다! 나는 어머니의 고집스러운 반대에 따를 수밖에 없었다. 결국 나는 진학을 단념하고 부모님의 농사일을 돕기로 하였다.

이 시기에 가장 힘들었던 것은 고된 노동 그 자체보다 학업을 포기한 아쉬움이었다. 타지의 중학교에 진학한 동창 친구들과 재회하면 반갑기보다 부러워서 잔뜩 속이 쓰렸다. 그러다 구원처럼 한 소문이 마을에 퍼졌다. 보성중학교 영어 선생님으로 재직 중인 황재홍 선생님께서 회천면 소재 초등학교의 빈 교실 한 칸을 빌려 중학교 과정 고등 공민학교를 개교한다는 것이었다. 면내에 나와 같은 처지의 친구들이 80명도 넘었는데, 모두 흙 묻은 입학 원서를 제출하여 시험에 응시하였다. 진학을 포기했음에도 알음알음 공부를 놓지 않았던 나는 당당하게 1등으로 입학했다. 비록 비인가 학교였지만, 개교를 주도한 황재홍 선생님과 동료 선생님들은 두세 과목을 서로 품앗이하며 열성적으로 가르치셨다. 선생님들의 가르침은 여느 정규 학교 교사 못지않게 수준 높았고 학생들에게 진실한 마음으로 대하셨다. 배움에 목마른 나는 선생님들의 열정에 조금이라도 보답하고자 뜨겁게 학업에 정진하였다.

　나는 지금도 잊지 못할 내 인생의 은인이며 멘토이신 두 분을 공민학교에서 만났다. 한 분은 가난한 학생들이 학업을 포기하지 않도록 고등 공민학교를 개교해 주신 황재홍 선생님이고, 다른 한 분은 수학과 영어 두 과목을 담당하셨던 최병호 선생님이다. 최병호 선생님은 광주에서 명문고를 졸업하고 주한미군 카투사 병으로 군 복무를 마친 시대의 엘리트셨다. 두 분은 담당 과목 이외에도 못 하는 과목이 없으실 정도로 모든 분야에 해박하셨다.

　나는 최병호 선생님의 기묘한 칭찬을 아직도 잊지 못한다. 우리는 수학 중간고사를 마치고 문제 풀이 중이었다. 선생님이 다 맞은 학생은 손을 들어 보라고 하셨다. 손을 드는 사람이 아무도 없었다. 침묵한 좌중 속에서 선생님은 대뜸 내 이름을 부르셨다. 몇 문제나 틀렸냐는 물음에 나는 자신이 없어서 머뭇거렸는데,

선생님께서 불호령을 내리셨다. "다 맞고도 다 맞은 줄 모르는 사람은 틀린 거나 마찬가지다." 표면적으로는 질책이었지만, 내심은 자신감을 가지라는 격려와 칭찬이었던 것 같다. 황재홍 선생님과 최병호 선생님은 그야말로 선망과 존경의 대상이셨다. 깔끔한 용모며 흐트러짐 없는 몸가짐, 달필에 속필 그리고 카랑카랑한 음성까지도. 나는 감히 그분들 조금이라도 닮아 보고자 평생을 부단히 노력했다. 인생의 첫 스승들을 닮고자 스스로 부단하게 수련한 결과로 오늘의 내가 있다고 생각한다.

　나는 두 학기 분량의 공부를 한 학기 만에 마치고 전 과목 우수한 성적으로 검정고시에 합격했다. 그러나 시련은 곧바로 다시 찾아왔다. 나는 군내 소재한 고등학교에 진학하고 싶었는데, 입학금과 제반 비용이 만만치 않았다. 어머니는 집안 형편을 솔직히 고백하며 내 진학을 반대하셨다. 나를 산처럼 의지하고 계신 어머니의 마음을 감히 모르는 척할 수 없었다. 또다시 나는 진학을 단념하고 부모님의 농사일을 도우며 고등학교 과정 통신 강의록을 신청하는 것으로 만족해야 했다. 그러나 주경야독은 쉽지 않았다. 고된 농사일에 지쳐서 저녁 시간엔 공부에 전념하지 못했고 결국 고등학교 졸업 자격 검정고시에서 낙방의 고배를 마시며 차가운 좌절을 맛봐야 했다.

　그러나 나는 좌절을 이겨 내고 목표를 수정했다. 나의

정기수

현실을 바꾸기 위해 재수를 단념하고 곧바로 공무원 시험을 준비했다. 그러나 수험 준비에도 어려움은 계속되었다. 1968년, 극심한 가뭄으로 온 나라의 저수지가 바닥을 드러내고 농작물은 타들어 갔다. 다행히 우리 논 언덕 아래 둠벙(웅덩이)은 물이 마르지 않았다. 수험 중이었던 나는 여름 내내 매일 밤낮으로 물을 퍼 올려 800여 평의 논에 물을 댔다. 힘든 노동 중에도 수험 서적을 손에서 놓지 않고 공부한 결과 이듬해 4월, 국가공무원 공개경쟁 채용시험에 응시하여 합격의 영광을 안았다.

그리고 그해 8월. 경남 창녕군 부곡우체국으로 첫 발령을 받아 사랑하는 가족과 정든 고향을 떠나게 되었다.

정기수

마른 하늘에 날벼락

내 나이 23세, 공무원으로 부임한 첫 근무지 경남 창녕군 부곡면은 지금처럼 온천 관광지로 유명한 곳이 아니었고 온천수가 나온다는 소문만 무성한 오지였다. 아들을 객지로 떼어 보내기 싫어하는 부모님의 만류를 뿌리치고 근무지로 가는 발걸음이 매우 곤혹스러웠다. 나는 고향 회천에서 출발하여 보성, 순천, 진주, 창녕, 그리고 도착지 부곡까지 버스를 여러 번 갈아타야 했다. 꼬박 이틀에 걸쳐 겨우 발령지에 도착할 수 있었기에, 발령 후 부모님을 자주 찾아뵐 수 없었다. 게다가 통신 수단도 발달하지 않아, 손 편지로 안부를 주고받는 것 외에 부모님과 연락할 수 있는 방법이 없었다. 어머니는 아들을 멀리 떼어 보내고 아픈 심기를 달래기 위해 당시 사내들이나 피우던 담배를 배우셨다.

    부모님의 염려와 다르게 나는 근무지에서 잘 적응했다. 낯선 업무를 익히느라 힘들었지만, 우물 안 개구리가 물 밖으로 나와 넓은 세상을 혼자 가슴에 안은 것처럼 들뜬 기분이 가라앉지 않았다.

    오지 시골이라 하숙집조차 없어서 처음 독립한 나의 첫 숙소는 우체국 숙직실이었다. 온전히 혼자 차지하는 방이 편하기는 했지만, 여간 수고로운 게 아닌 숙직 업무 때문에 깊게 잠들기는 어려웠다. 당시의 통신 수단은 오직 우체국에 있는 전화 한 대뿐이라, 당직 근무 때면 밤늦게 면 소재지 인근의 호출 상대자를 부르러 뛰쳐나간 게 한두 번이 아니었다.

    첫 직장 생활에서 몸이 힘든 건 참을 수 있었다. 그러나 객지 생활의 외로움은 견디기 어려웠다. 마음을 다잡기 위해서 나는 한번 좌절하였던 고등학교 자격 검정고시에 다시 도전했다. 이전 수험을 통해 쌓아 두었던 지식 덕분에 손쉽게 고등학교 자격도 취득할 수 있었다.

    첫 부임지 창녕 부곡에서 1년 반, 전남 고흥을 거쳐 고향인 보성우체국으로 자리를 옮기기까지 5년이란 세월이 금방 지나갔다. 원하던 고등학교 졸업 자격도 취득했고 근무지도 부모님과 가까운 고향으로 옮겼으니, 인생의 큰 변화를 꿈꾸게 되었다. 결혼도 해야 했고, 자식을 낳으면 내 자식들은 꼭 도회지에서 키우고 싶은 소망에 직장을 옮기기로 결심하였다. 부단히 알아보고 노력해서 고향과 가까운 도회지 광주지방병무청으로 전직했다. 어느 직장이든 비슷하겠지만, 내가 병무청 근무를 시작할 때만 해도 직장에서 유능한 직원으로 인정받기 위해서는 연이 있는 지역의 명문 인사들과 친분을 가지면서 어려운 민원들을 해결해 주어야 했다. 그러나 나는 경력도 짧을 뿐만 아니라 학연이나 지연도 없었고, 그런 암묵적 부정이 천성과도 맞지 않아서 오직 맡은 일에만 충실할 뿐이었다. 그러다 보니 내 근무 부서는 대부분이 떠맡기 싫어하는 서무나 기획 등을 담당하는 어려운 자리로 배정되었다. 이 부서들은 업무량이 산더미처럼 많은 데 비해 대가가 따르지 않아 모두 기피하는 보직이었다. 그러나 나는 그런 보직을 우직하게 전전하다 보니 남들보다 빠르게 승진해 하급 직원에서 벗어났다.

　새 직장에서 자리도 잡고 나이도 서른이 가까워지자, 4대 종손으로 대를 이을 손자를 보아야 한다면서 부모님께서 결혼을 재촉하셨다. 때마침 나는 보성우체국에 근무할 당시 같은 부서에서 일했던 지금의 아내와 만나는 중이었다. 그녀는 누구보다 차분한 성격에 계산도 빠르고,

업무처리도 매끄러운 유능한 사람이었다. 믿음직한 동료였던 우리 관계는 머지않아 당대 흔하지 않았던 사내 연애로 발전하였다. 나와 아내의 진지한 연애를 모르셨던 부모님과 지인들이 수차례나 맞선 자리를 만들기에, 나는 아내와의 결혼을 빠르게 결정하였다. 그리하여 어느 일요일, 아내의 고향 고흥을 방문하여 아내의 부모님을 뵙고 정식으로 청혼하기로 계획했다. 연락이 되어 있었던지 아내의 부모님께서 나를 반갑게 맞이해 주셨다. 분위기가 좋아 반 정도 결혼을 허락 받은 기분이었다.

    그런데 가벼운 발걸음으로 돌아와서 부모님께 결과를 말씀드렸더니 어쩐지 탐탁지 않아 하셨다. 종손 맏며느리 자리를 맡아야 하고, 농촌 일을 병행해야 하니 직장 생활하는 여성은 싫다는 게 이유였다. 그러나 사랑하는 사람을 부모님이 탐탁지 않아 하신다고 정리할 수 없었다. 나는 부모님의 바람을 거스르는 게 불효임을 알면서도 아내와의 결혼을 고집했고, 이듬해인 1975년 말 결혼식을 올렸다.

    나와 아내는 방 두 칸 전셋집을 얻어서 매일 아침 각자의 직장으로 출근하였다. 근면 성실한 생활 덕분에 결혼 2년 만에 집을 장만할 수 있었다. 광주광역시 지원동에 위치한 양옥집이었다. 그리고 1977년 5월 21일, 아내는 압해정씨 집안 5대 종손을 출산하였다. 세상을 다 가진 기분이었다. 지금은 태아의 남녀 확인이 가능하지만 그때만 해도 출산하고서야 알 수 있었으니, 초조하게 기다리다 아들을 안았을 때의 기쁨을 말로 다 표현할 수 없었다. 남아를 선호하시던 시골 부모님께서는 득남 소식을 듣고 나보다 더 기뻐하셨다.

그런데 호사다마라고 할까, 아이가 태어난 그해 11월 제주지방병무청 발령 소식이 날아왔다. 아내는 다니던 직장에 휴직계를 내고 6개월밖에 되지 않은 아이를 품에 안은 채 나와 함께 제주도로 떠났다. 우리가 거주하게 된 숙소는 제주지방병무청 BOQ(관사)였다. 독신자 숙소라 불과 두 평 남짓 한 방이었다. 별도의 부엌이 없었고 연탄아궁이만 있었다. 취사하기도 협소해 어린아이를 키우기에 불편함은 이루 말할 수 없었다.

어느 날 밤이었다. 한밤중에 아이가 잠을 자다가 자지러지게 울었다. 아무리 젖을 물려도 빨지 않고 울음도 그치지 않고 계속 보채기만 하기에 전등불을 켜 보았다. 그런데 맙소사! 개미 떼가 아이 옷과 몸에 달라붙어 기어 다니고 있었다. 나는 밤새 벌레를 잡고 아내와 함께 우는 아이를 달랬다. 그렇게 불편했음에도 세 식구가 함께 살고 있다는 것 자체로 행복했다.

다행히 1년 3개월 만에 광주로 발령이 나서 아내와 아이를 데리고 돌아올 수 있었다. 그러나 우리가 집을 떠나면서 들어온 세입자의 전세 기한이 만료되지 않아 당장 살 곳이 없었다. 우리는 부득이하게 전세방을 구해야 했다.

아이가 세 살 되던 해 가을, 직장과 가까운 방림동에 새로 집을 마련하였다. 겹경사로 둘째 아이도 태어났다. 안정된 가정과 직장 덕분에 이루고 싶었던 꿈, 대학 진학에 다시 도전할 수 있었다. 나는 야간 대학에 진학해 낮엔 직장에서 근무하고 밤엔 공부했다. 그러나 기쁨도 잠시, 한 학년을 마치자마자 타도로 발령이 나서 학업을 멈추어야 했다.

당시 병무청은 광주에 연고를 두고 있더라도 1년 반 이상 근무를 하면 타 시·도로 예외 없이 전출되었다. 아이들의 학업을 위해 나는 가족과 떨어져 살기로 했다. 두 살림으로 인한 경제적 어려움은 물론이고 가족의 정에 목말라 참 애달팠다. 그러나 아이들은 아버지의 잦은 부재에도 불구하고 아무 탈 없이 잘 성장하여 학년 성적 상위권에 드는 수재로 성장했다.

그때 내 나이 40대 초반, 소박한 꿈이 이루어진 것 같아 "이만하면 행복이지!"라며 만족스러웠다. 그런데 마른하늘에 날벼락이라더니, 병무 행정 민원 업무와 관련된 일로 형사 사건에 연루되어 나는 화목한 가정을 떠나 교도소에 수감되었다.

수인(囚人) 생활

1990년 10월 25일, 퇴근을 준비하던 내 앞으로 한 남자가 불쑥 들이닥쳤다. 순천검찰지청 직원이라고 자신을 밝힌 남자는 확인할 사항이 있다며 나에게 동행을 요구했다. 그의 차량에 합승하여 순천까지 가는 2시간 동안 숨 막힐 것 같은 적막이 흘렀다. 바깥은 황금빛으로 가을이 무르익고 있을 텐데, 차창에 어둠이 깔려 아무것도 보이지 않았다. 내 심정도 마찬가지였다. 아무리 생각해 봐도 검찰에서 나를 찾을 일이 없었다. 의문이 가득했지만 '별일 아니겠지.'라며 스스로 다독이는 것 외에 할 수 있는 일이 없었다. 순천지검에 도착하자 나는 담당 검사실로 옮겨졌다. 저녁 식사가 배달되었지만 초조한 마음에 시장기도 잊고 그저 호젓이 앉아 있을 뿐이었다. 밤 9시가 넘어서야 담당 검사의 심문이 시작됐다. 그가 나를 소환한 사유는 정상적으로 입영해야 할 병역 의무자를 교사해서 병역을 면케 도와주고, 그 과정에서 필시 돈을 받았을 것이라는 혐의 때문이었다.

당시 나는 병무청의 민원실에서 민원 상담을 주 업무로 하고 있었다. 어느 날 한쪽 팔에 목발을 짚은 장애인(소아마비)이 민원실을 찾아왔다. 혼자 걷는 것조차 불안해 보여 안타까웠다. 상담 내용인즉, 자신이 일하는 분재원에서 일을 돕고 있는 청년(병역 의무자)이 입대 영장을 받았는데, 그가 도저히 입대할 수 없는 정신 수준인 것 같아 필요한 절차를 알아보고자 청년 대신 방문했다는 것이다. 그가 설명하기로 그 청년은 고등학교를 졸업했음에도 한글도 제대로 해독하지 못하며, 지능이 현저히 낮은 탓에 일도 제대로 못 하는 상태라고 했다. 설명과 함께 내게 건넨 서류를 보니 병역 의무자인 청년은 고등학교 전체 학생 350여 명 가운데 꼴찌였고, 지능지수가 75 정도밖에 되지 않았다. 특히 생활기록부의 담임 선생님 종합 의견란에도 지능이 부족하여 정상적이지 못하다는 내용이 명시되어 있었다. 전문 심사관(군의관)이 아닌 상담관인 나로서는 민원인의 문의 내용을 들어 보니 관련 법규를 생각하면 현역 복무가 어렵겠다고 추정됐다. 따라서 필요한 서류를 지참해 담당 군의관에게 제출해 보라고 안내해 준 것이 전부였다. 이것은 결코 특별한 상담이 아니었다. 여느 다른 병무 직원에게 문의하여도 똑같은 내용으로 돌아올 법한 모범 답변이었고, 나는 이전에도 유사한 내용의 상담에 수없이 같은 답변을 해 주었다.

그렇게 입영 대상자는 내게 상담 받은 내용 그대로 관련 서류를 준비하여 입영하였다. 그 청년은 신체검사 결과 병역 면제 판정을 받고 귀가해서 군통합병원의 정밀 재검사까지 받아 최종 면제 판정이 확정되었다. 그런데 이 상담 건으로 내가 받은 적 없는 뇌물수수 혐의가 생겼다는 것이다. 나는 담당 검사에게 하늘을 우러러 한 점 부끄러움 없이 민원 업무를 수행했고, 맹세코 금품은커녕 차 한 잔도 얻어 마신 적이 없다고 항변했다. 그러나 내 말은 말이 아니라 스쳐 지나가는 소음일 뿐, 담당 검사는 털어 먼지 안 나오는 사람이 어디 있겠느냐는 식으로 나를 피의자로 몰았다. 검사는 밤새도록 시간을 끌어 나를 지치게 했다. 다음 날도 같은 말만 반복하며 혐의를 인정하라고 다그칠 때, 갑자기 광주지방병무청장이 조사실로 들어왔다. 나는 구원자처럼 찾아온 그가 부하의 무고를 대변해 줄 것이라 믿었다. 그런데 그는 담당 검사로부터 무슨 말을 들었는지 잘 처리해 줄 것이니 나에게 순순히 인정할 것은 인정하라고 종용했다.

분노가 머리끝까지 치밀어 올랐다. 같은 직장에서 한솥밥을 먹는 직장 상사가 직원의 말은 전혀 믿지 않고 담당 검사의 말만 믿으니 분통이 터져 검사가 보는 앞에서 고함을 쳤다.

"없는 죄를 어떻게! 무엇을 인정하라는 것입니까? 기관장으로서 그게 할 말입니까?"

청장은 시뻘게진 얼굴로 나가 버렸다. 검사는 바로 나를 병역 면탈 교사범으로 기소했다. 그날은 1990년 10월 13일 노태우 대통령이 범죄와의 전쟁을 선포한 지 보름만의 일이었다. 나는 권력의 바람을 탄 검사의 위세를 실감했다. 날아가는 새도 떨어트린다는 검찰 앞에 내 자존심은 속절없이 무너졌다. 내 이름 석 자는 병역 면탈 교사범이란 낙인이 찍혀 나락으로 떨어지고 말았다.

나는 곧바로 순천 교도소에 수감되었다. 갑자기

몰아치는 태풍 앞에서 흔들거리는 나뭇잎처럼 전신의 힘을 잃었고 오만가지 망상들이 머릿속을 어지럽게 떠다녔다. 새벽 4시쯤 밤을 새웠을 아내에게 전화했다. "교도소에 수감 되어 있소, 속옷 챙겨 면회 좀 오시오." 말문이 막혀 더 이상 말을 잇지 못한 채 전화를 끊었다. 내 나이 43세였다. 공직생활 20년 동안 연가, 병가는 고사하고 원하는 시기에 휴가 한번 제대로 받지 못하고 직장에 투신한 나를 아내는 일등 공신으로 믿고 있었을 것인데 충격이 컸으리라!

   기소된 바로 다음 날 지방 신문과 TV, 라디오방송 등 매스컴에서 '병무청 직원 정 아무개가 병역 의무자에게 400만 원의 뇌물을 받았다.' 등 터무니없는 보도가 쏟아졌다. 확실한 근거 없이 쏟아진 추측성 기사들이 내 이름을 언론의 십자가에 걸었고, 그렇게 만든 검찰의 짓거리가 나는 너무도 황당하고 기가 막혔다. 교도소의 수감 절차가 진행되는 그 순간을 회고하면 32년이 지난 지금도 가슴이 먹먹하고 억울해서 정신 줄을 놓을 때가 있다. 그때 일은 나에게 트라우마로 남아 있다. 영화나 드라마에서나 보았던 상황이 나에게 펼쳐진 것이다.

   교도관이 푸른색 수의와 내 이름 석 자가 적힌 명찰을 건넸다. 내가 수의로 갈아입고 수저, 밥그릇을 들었을 때, 아이러니하게도 성구 '하느님 어찌하여 나를 버리셨나이까.(마태오 27장 46절)'라는 구절이 번개 치듯이 스쳐 갔다. 나는 굴복한 죄인처럼 교도관의 지시에 따랐다.

교도관은 큰 자물쇠가 굳게 잠겨 있는 여러 철창문을 차례차례 통과하여 감방으로 나를 안내했다. 감방에 있던 십여 명이 넘는 수감자들이 나에게 무슨 죄목으로 이곳에 왔느냐고 묻고, 재판 결과를 예단하며 나의 추락을 입에 올렸다. 잘못이 있으면 당연히 벌을 받아야 마땅하지만, 아무 잘못도 없는데 한 검사의 심증만으로 죄인이 되어 중범죄자들과 한방살이를 하게 되었다는 것 자체가 내 이성을 송두리째 뒤흔들어 놓았다.

아내가 면회를 왔다. 나는 "고생했다, 미안하다."라며 놀란 아내를 달래기보다 먼저 "변호사를 선임하자."라는 말만 했던 것 같다. 갑자기 맞은 날벼락으로 불안하고 초조해 살얼음판처럼 냉랭할 집안 분위기를 상상하면, 가장으로서 가슴이 무너져 내렸다. 그럼에도 불구하고 내 마음도 꽁꽁 얼어 굳게 닫혀 버렸는지, 당시의 나는 가족을 먼저 달래지 못했다. 게다가 어느 날 아내가 면회소에서 말하기를 검찰청에서 근무하는 지인들로부터 하루라도 빨리 사표를 내야만 퇴직금이라도 제대로 받을 수 있다는 둥 사표를 제출하도록 권유했다는 소식을 듣기도 했다. 세상 사람들은 이미 나를 죄인으로 몰아가고 있는 것 같았다. 나는 진실이 밝혀질 것이라 믿고 하느님께 '진실을 밝혀 주십시오.'라고 기도할 뿐이었다. 내가 다니는 성당 수녀님께서도 면회를 오셔서 나를 격려해 주셨다. 기도하고 있으니 용기를 절대 잃지 말라던, 그 당부의 말씀이 아직도 가슴 안에 빛으로 남아 있다.

　나는 교도소에 갇힌 지 한 달 만에 보석으로 풀려나고, 또다시 한 달 만에 첫 재판이 열렸다. 떨리는 아내의 손을 붙잡고 재판장에 들어갔다. 재판이 열려서야 이 사건의 진상과 연루된 피의자가 4명이라는 것을 알게 되었다. 이 사건은 병사용 진단서를 발급한 가짜 의사와 집주인의 임대료를 둘러싼 시비에서 시작되었다. 집주인은 임대료를 올려주지 않는 무면허 의사가 불법 의료 행위를 했다고 고소하였고, 가짜 의사는 병사용 진단서를 발급하는 과정에서 집주인이 병역 의무자에게 돈을 받았다고 맞고소한 것이었다. 그런데 사건의 핵심이었던 병역 의무자는 나와 상담하였던 목발 짚은 장애인으로부터 돈을 요구받았다고 했다.

　그러자 재판장은 나에게 병역 상담을 해 온 자(목발 장애인)에게 돈을 받은 사실이 있냐고 물었고, 나는 차 한 잔, 단돈 10원도 상담자에게 받은 적이 없으며, 공직자로서 마땅히 할 일만 하였을 뿐이라고 대답했다. 그러자 재판장은 곧바로 상담 요청자(목발 장애인)에게 금품을 건넨 적이 있냐고 질문했다. 그러자 그의 대답인즉, 담당 검사가 밤새도록 잠을 재우지 않고 병무청 직원에게 돈을 주었다고 말하도록 온갖 회유와 겁박을 해대고, 견딜 수 없을 만큼의 가혹한 폭력에 시달리자 그는 정신이 혼미한 상태에서 잠시라도 고통에 해방되고자 본의 아니게

거짓말을 하게 되었다고 실토하였다. 내 모든 혐의가 사실이 아님이 법정에서 확연히 드러나는 순간이었다. 피고인석에서 뒤돌아보니 방청석에 앉아 있는 몇 분의 동료 직원들, 절친한 교우들, 평소 알고 지낸 지인들이 박수치고 있었다.

혐의 없음이 명백히 드러났음에도 재판은 보름에 한 번씩 열렸다. 나는 금융 조회, 가택 수색, 유선 전화 도청뿐만 아니라 거주지를 이탈할 경우 파출소에 신고해야 하는 등 중죄인 취급을 받아야 했다. 검사는 티끌만 한 혐의점이라도 찾아서 엮어 보려는 심사였는지 재판을 계속 연기하면서 무려 13개월(18회)까지 시간을 끌어 심리를 진행했다. 나는 당연히 무죄 판결이 나오리라 기대했다. 그러나 재판장은 선고 당일 '피고 정 아무개는 억울하겠다.'라는 위로와 무죄가 아닌 선고 유예를 판결했다. 나는 즉시 항소장을 제출했다.

몸은 풀려났지만 나에게 씌워진 혐의, '병역 면탈 교사죄'가 여전히 엮여 수감자나 다름없는 수인 생활이 이어졌다. 병무 부정 사건에 연루된 아무개라고 언론에 공개되었으니, 무죄라는 진실이 밝혀지기 전까지 나를 알고 있는 모든 사람에게 얼굴을 내놓고 다닐 수 없었다. 나는 늦은 밤에나 바깥출입을 했고 아는 사람을 만날까 봐 가까운 길을 마다하고 먼 길로 돌아서 다니기도 했다. 세상 사람들에 대한 불신과 원망이 전신을 지배하는

정기수

가운데 염세적인 허무주의에 빠져들었다. 살아야 하나 말아야 하나. 삶이 그리 중요하다고 생각되지 않았다. 생의 마지막을 선택하고자 한 때도 있었다. 그러나 남은 가족들을 생각하면 나 혼자 죽어서 편해진다고 끝나는 일이 아니었다.

직장에서 직위 해제되어 봉급도 제대로 받을 수 없는 상황이었기에 당장 생계유지가 문제였다. 막노동이라도 해서 생계에 보탬이 되고자 공사 현장에 찾아갔다. 너무도 힘든 일이었다. 유년 시절 힘에 부친 농사일도 묵묵히 견뎠는데, 재판이 진행되면서 겪은 고통과 스트레스로 평소 60킬로그램이었던 체중이 15킬로그램이나 줄어 쇠약해진 몸으로 도저히 일할 수 없었다. 결국 하루해를 버티지 못하고 비참한 심정으로 집에 돌아왔다.

그때 큰애가 중학교 1학년, 둘째가 초등학교 4학년이었다. 직장에서 직위해제 되어 집에만 틀어박혀 있으니 학교에서 돌아온 아이들을 볼 면목이 없었는데, 아이들 역시 아무 말도 하지 않았다. 다만 둘째가 다른 때보다 성당을 더 열심히 다녔다. 특히 추운 겨울 여명이 밝아 오기도 전 새벽미사에 꼭 참석하여 복사(미사 전례시 신부님 보조자) 임무를 꾸준히 했다. 아빠를 위해 기도했다나! 아비를 위해 기도하는 막내를 생각하니 더욱 마음이 아렸다.

당시 나는 세례를 받은 지 얼마 되지 않았지만, 집에만 있다 보니 성당 미사에 나가서 신부님의 성경 말씀을 듣고 기도하는 것이 유일한 일과이자 낙이었다. 지푸라기라도 잡고 싶은 심정이었던 것 같다. 하느님께서 나의 억울함을 꼭 밝혀 주시리라 믿고 의지하니 자연히 신앙심도 깊어졌다. 1심 재판 때 조급했던 마음이 항소심 때는 다소 여유로웠고, 재판 결과만을 애타게 목말라하지도 않았다. 지금 생각해 보니 그때 하느님께서 나를 신앙의 길로 이끌어 주셨다는 확신이 든다.

   1992년 8월 광주지방법원 항소심에서 무죄가 나오자 검사는 대법원에 상고했다. 나는 변호사의 도움 없이 답변서를 작성하여 대법원에 제출했다. 연말이 다가와도 아무 소식이 없어 판결이 해를 넘길 줄 알았다. 그런데 뜻밖에 대법원으로부터 무죄 확정 최종 판결을 받았다. 그날은 1992년 12월 24일로 성탄 전야 미사에 참석을 준비하고 있을 때였다. 하느님께서 나에게 큰 선물을 주셨다고 생각하니 미사 내내 감사와 기쁨으로 벅차 눈물이 주체할 수 없이 쏟아졌다.

신앙은 내 인생의 등불

   무죄 확정 판결 덕분에 12월 24일은 나에게 아주 특별한 의미로 다가온다. 사람이 묶어 놓은 죄의 사슬을 하느님께서 풀어 주시리란 내 믿음이 확인되는 날이었다. 매해 성탄절마다 그날의 기쁨을 떠올리면서 거울 속 자신을 보듯이 나의 신앙심을 다시 돌아본다.

내가 신앙을 갖게 된 동기는 아버지께서 갑자기 위암으로 돌아가시고 아내가 미로증(어지럼병)을 앓으며 집안에 우환이 쌓였기 때문이었다. 그 어려움에서 벗어날 방법이 없을까 고민하던 차에 지인으로부터 신앙을 가져 보는 게 어떠냐는 제의를 받았다. 순간 드라마나 영화에서 보았던 하얀 보를 머리에 쓰고 미사를 드리는 장면이 떠올랐다. 나는 그 거룩한 분위기와 평온한 신자들의 모습에 끌려 성당에 발을 들였다. 1년 동안 의정부에서 통신 교리 학습(우편으로 교리를 배우는 것)을 수료하고 1986년 12월에 세례를 받아 천주교 신자가 되어 세례명 스테파노를 명명(命名) 받았다. 그리고 여느 신앙인들에게 그랬듯 내게 큰 고난이 갑자기 닥쳤을 때, 신앙은 고난에 무릎 꿇지 않도록 나를 의지케 하고 방황하지 않도록 빛으로 인도하였다.

1992년 12월 28일, 원직에 복직해 다시 출근하게 됐다. 감회가 새로웠다. 각 사무실을 순회하면서 그동안 나를 믿고 성원해 준 직원 한 분 한 분에게 감사의 인사를 드렸다. 누명을 벗은 내게 직원들의 진심 어린 위로와 격려가 이어졌다. 온 세상을 내 품에 안은 듯 희망과 환희가 용솟음쳤는데, 내 자리가 없었다. 나는 며칠 동안 근무 부서 배정을 받지 못해 대기 상태에 있었다. 단 며칠에 불과했지만 할 일 없이 앉아 있으니 내 인생을 옭아맸던 불미스러운 사건이 더욱 원망스러웠다. 진실이 밝혀져 복직은 되었지만, 후배들이 승진하여 윗자리에 있었다. 마음은 위축되었고 자존감은 한없이 추락했다. 보직을 받고 보니 또 남들이 가기 싫어하는 어렵고 힘든 부서였다.

　그해 연말이었다. 공직 사회에서 승진은 인생 전체를 통틀어 매우 중요한 일이다. 나는 2년 2개월 동안 직위 해제 상태로 있었기에 근무 성적에서 좋은 평가를 받을 수 없었다. 형사 사건을 당하기 전 나는 동일 직급의 최상위권으로 승진을 바로 눈앞에 두고 있었다. 그랬기에 아쉬움과 배신감이 교차하면서 현실을 받아들이기 무척 괴로웠다. 유년 시절 어머니의 말씀을 거역하지 못해 진학을 포기하고 시골에 주저앉아 우물 안 개구리가 되었을 때조차 어머님을 원망하지 않았다. 그런데 그때와는 달리 세상을 향한 원망의 감정에 휩싸였다.

　억울한 수인 시기에는 모든 욕망을 내려놓고 어떤 어려움이 처해도 오직 주님께 믿음을 두는 신앙인으로 살겠노라고 스스로와 약속했는데, 그 위기에서 해방된 지 얼마나 되었다고! 마음이 변덕을 부렸다. 누구라도 겨냥할 듯이 마음에 화살을 품었다. 그렇다고 나의 바람이 해결될 일이던가? 나는 수인 생활 동안 나에게 위로를 주었던 성구 '나는 길이요 진리요 생명이다.'라는 예수님의 말씀을 되뇌었다. 그러자 마음의 병에 특효약이라도 된 듯 엇갈리고, 헷갈리고, 섞갈리는 생각들이 중심을 잡았다. 승진 서열이나 근무 평정 같은 것에 신경 쓰지 않고 오직 주어진 일에만 충실하고 싶었다. 그러나 세상은 혼자 살 수 없으니 당연히 사람과의 관계, 업무 관계에서 스트레스를 받을 수밖에 없었다. 특히 공직 사회란 눈에 보이지 않는 경쟁과 시샘이 있어 인내가 절실히 필요했다.

나는 유년 시절 가뭄이 심했을 당시 둠벙(웅덩이)에서 물을 퍼 올리며 인내를 배웠다. 잠시 쉬는 동안 그늘도 없는 논두렁에 앉아 영어 단어를 외웠고 더위와 허기를 참았다. 무려 한 달 넘게 계속 물을 나르니 나의 인내와 노력이 눈앞에 나타났다. 가뭄으로 손가락이 들어갈 만큼 틈새가 벌어졌던 논바닥에 물이 고이고 벼 잎에 생기가 돈 것이다.

그 시절의 경험이 내 안에 자리매김했는지, 나는 밤낮 가리지 않고 그 누구보다 맡은 일을 충실하게 수행했다. 그 결과 윗사람들, 특히 기관장으로부터 전폭적인 신뢰와 능력을 인정받았다. 피나는 노력의 결과 출근한 지 3년 만에 6급으로 승진하였고 그 후 5년 만에 5급으로 승진하였다. 광주지방병무청에서 5년 내리 총무과장으로 재임하면서 전국 지방청별 목표관리 실적평가에서 매년 최우수 기관 표창도 받았다.

조직 관리에 남다른 능력을 발휘하였다는 보상처럼

반부패 국민연대로부터 청백리 표창 수여

2002년 12월 24일 반부패 국민연대 광주전남본부로부터 청백리상을 받았다. 무죄 판결을 받은 지 꼭 10년 되던 날이었다. 그날 성탄 전야 미사에 참석한 많은 교우들이 방송에 보도된 내용을 보았다며 축하 인사를 보내왔다. 미사 내내 나는 성구 '아들아 너는 주님의 견책을 가볍게 여기지 말며, 꾸짖을 때 낙심하지도 마라. 주님께서는 사랑하시는 자를 견책하시고 아들로 여기시는 자에게 매를 드신다.(히브리 12장-6절)'란 성경 말씀을 되뇌며 하느님께 감사드렸다. 재판 계류 기간 중 수인 생활을 하게 된 것은 하느님께서 나를 훈육시키는 시간이었으리라는 확신에, 내 신앙을 또다시 점검하게 되었다.

   재판 계류 기간 동안 얄팍했던 믿음이 성장을 거듭하면서 내 안에 신앙으로 자리매김하였고, 경제적으로 어려워 절제하는 법도 배웠다. 신앙인으로서 무엇을 선택하고 포기해야 하는지, 매일 그날의 일상을 돌아보며 회심하는 삶에 정착했다. 인생을 살다 보면 내 안의 욕망과 탐욕에 사로잡혀 허우적거릴 때가 있다. 수인 생활을 하면서 이런 사념을 신앙의 본질인 예수님의 십자가로 이겨 내려고 무던히 노력했다.

   직장 일을 하면서 신앙 공동체의 신자들을 대표하는 사목회장직을 맡아 봉사하였고, 천주교 광주대교구평신도협의회 회장직까지 맡았다.

   이 모든 일은 내 의지로 이루어진 것이 아니라 주님께서

정기수

카톨릭 광주대교구 평신도 협의회 회장 임명

나와 동행해 주셨기에 가능했으리라. '이웃을 내 몸처럼 사랑하여라.'라는 성구를 내 인생 최고의 목적으로 삼고 싶어 성당 재건축과 사제양성을 위한 성소 후원금에 재산을 기부했다. 당시 재판 계류 기간 동안 직위 해제된 상태라 경제적으로 너무 어려운 시기였기에 나에게는 매우 부담되는 헌금이었다. 그런데 복직하고 두세 달 뒤, 기부금을 낸 만큼의 금액이 나에게 되돌아왔다. 직장에서 예산지출을 담당하는 직원이 재판 계류 동안 받지 못한 봉급 외에 실적에 따라 지급되는 각종 수당도 받을 수 있을 것 같다며 상급 기관에 질의를 해 보겠다 했다.

나와 같은 사례가 단 한 건도 없어 나도, 담당 직원도 몰랐는데, 내 경우는 무죄로 끝났기 때문에 직위 해제 자체가 본인의 귀책사유가 아니므로 지급이 가능했다. 미지급금 2년 2개월의 봉급 이외에 생각지도 않았던 수당을 더 받았다. 하느님께서는 당신 자녀들의 바람과 헌신을 잊지 않으시고 반드시 되돌려 갚아 주시는 분이라는 것을 또 체험했다.

이뿐이 아니다. 중학교 1학년, 초등학교 4학년이었던 아이들은 재판 동안 집안 상황을 이해하고 스스로 공부에 전념하더니 큰아이는 서울 S 대학교에 입학하였고, 작은아이 역시 서울 H 대학교에 입학하여 그들의 뜻을 펴나갔다.

2006년 12월 30일 정년퇴임을 몇 달 앞두고 하얗게 밤을 지새운 적이 있었다. 내 나름대로 잘 산다고 살았지만, 직장에 몸담아 오는 동안 조직의 구성원으로 있어서는 안 될 사람, 있으나 마나 한 사람은 아니었는가? 다른 사람에게 피해를 주어 상처를 받게 한 적은 없었는가? 내 책임을 다른 사람에게 미루지는 않았는지? 등등……. 나에게 묻고 반성을 거듭하였다.

　퇴임식 날은 어느 날보다 뿌듯했다. 나는 동료들 앞에서 당당하게 하느님께 감사드렸다. "하느님께서 내 인생에 등불이 되어 어두운 앞길을 훤히 밝혀 주셨기에 누구보다 영예로운 퇴임식을 맞게 되었다."라고, 그리고 아내 비앙카에게도 난생처음으로 내 마음을 전했다. "잦은 이동으로(제주지방병무청 3번, 의정부, 청주, 대전, 서울) 객지를 돌아다니는 동안 어려운 살림을 도맡아 두 아들을 잘 보살펴 훌륭하게 성장시켜 진심으로 고맙고, 미안하고 감사하다."라고.

　그렇게 38년 동안 공직자로서의 무거운 짐을 내려놓고 아들 며느리를 앞세워 여행을 떠났다.

노을빛 여정

　정년퇴임하고 나면 미래에 대한 불안이나 해결해야 할 문제들로부터 홀가분해질 줄 알았는데 마음이 허전하면서 불안하고 초조하기까지 했다. 그나마 내가 천주교 광주대교구평신도협의회 회장직을 맡고 있어 사무실에 나가는 것이 위안이 되었다. 나는 매일 출근할 때처럼 광주가톨릭센터에 있는 평신도 사도직협의회사무실에 나가 그간 미흡했던 부분을 챙기기 시작했다. 당시 우리 집(봉선동)에서 평협 사무실까지 40여 분을 걸어다녔다. 평소 쾅쾅대는 공사장 소리, 기계 소리, 자동차 소리 등의 도시 소음에 익숙해 있었는데, 침묵 속에서 천변을 걷다 보면 나의 내면을 들여다볼 수 있어 좋았다.

평신도협의회 회장이 하는 일은 교구장(주교)님의 사목 방침이 평신도와 교구 단위 제단체에서 잘 구현될 수 있도록 본당 사목협의회와 제단체를 지원하고, 평신도들이 세상 속에서 빛과 소금, 누룩과 같은 존재가 되도록 교육과 연수 등을 실시하는 일이었다. 직무를 수행하며 나는 신앙인으로서의 정체성을 확인할 수 있어 좋았다.

2년의 임기를 마치고 다시 연임되어 다니고 있는데 압해정씨 광주·전남종친회원 몇 분께서 나를 찾아오셨다. "종친회가 해체 위기에 놓여 있는데 끌고 나갈 사람이 없다. 다방면으로 수소문한 끝에 적임자를 찾았다."라며 나에게 종친회 일을 맡아 달라고 간곡히 부탁했다. 다른 사람들은 고생만 하고 좋은 소리를 듣지 못하니 종친회와 동창회 일만은 하지 말라고 조언했다. 나는 며칠을 망설이다가 그간 모임에 참여하지 못한 것에 대해 송구함이 있어 어렵게 승낙하였다. 어차피 종교 단체인 평신도협의회 사무실에 매일 나가는 중이라서 겸해도 될 것 같았다.

처음 종친회 모임에 나가 보니 상황이 막막했다. 십수 년 동안 종친회 역사 자료가 전혀 관리되어 있지 않았고 사무 공간조차 없었다. 우선 종친들의 구심체 역할을 할 수 있는 사무실 마련이 가장 시급해 보였다. 나는 발품을 팔아 경제적으로 여유가 있고 뜻을 같이할 종원들을 수소문하여 개별 접촉하고 설득하였다. 그들의 기부금으로 광주시 동구 금남로 3가에 소재한 10평 남짓의 사무실을 마련할 수 있었다. 물웅덩이를 파 놓으니 산새들이 둘러앉아 쉬어가듯 한 분 한 분이 사무실에 들러 소식을 주고받았다. 이곳은 곧 친교의 장으로 활용되었다.

이어서 여기저기 방치되어 있던 각종 자료를 수집하여 정리하였다. 모인 자료와 종원들의 구전 등에 의거, 전해 내려온 종친회의 역사를 책으로 편찬하여 후손들에게 남기는 것이 좋겠다는 종원들의 의견이 일치하였다. 자기 뿌리가 누구이며 몇 대손이라는 것쯤은 알아야 하기 때문이었다. 자료 수집만 어언 1년, 책으로 발간하여 배포까지 마치고 나니 많은 종원으로부터 수고와 격려의 전화가 쏟아졌다.

사실 자료 수집하는 게 꽤 어렵고 힘든 작업이었다. 그런데도 즐거운 마음으로 한 일이라 책이 완성되었을 때의 성취감은 이루 말할 수 없었다. 나는 내가 무슨 일을 시작하면 기필코 목표를 달성하는 성격임을 알고 있었는데, 그 열정이 아직 식지 않았다는 걸 확인하게 되었다.

퇴직 후 7년 동안 나를 필요로 하는 봉사단체에서 헌신했으니 이제는 정말로 아내와 함께 여가 생활을 즐겨 볼까 생각하던 여유도 잠시, 2013년 봄, 평소 잘 알고 지낸 방림신협 조합원 다수로부터 귀가 솔깃해지는 말을 들었다. 나를 "방림신협 이사장직에 추천하고 싶다."라는 말이었다. 다가오는 2014년은 새로운 이사장을 선출해야 하는 시기였다. 나는 망설였다. '그간 병무 행정만 다루었는데 금융계 책임자 자리를 수행할 수 있을까?', 그때 내 나이 67세, 분명 노년기인데 마음속에 있는 불씨가 사그라지지 않았는지 그 기회를 붙들고 싶었다.

저녁 해가 뉘엿뉘엿 꼬리를 감추려 들 때 수평선 위로 곱게 드리워진 석양 하늘처럼 내 인생에 또 다른 노을빛 여정이 펼쳐지고 있었다. 나는 잘 아는 신부님께 찾아가 내 속마음을 낱낱이 말씀드렸다. 신부님께서는 "돈을 벌기 위한 목적이 아니고, 스테파노 형제님의 인생 마지막으로 이 사회에 빛과 소금이 되어 그 조직에 도움이 되는 봉사의 삶을 살아 보겠다는 심정이라면 뜻을 가져 보는 것도 좋겠다."라고 말씀하셨다.

나를 추천하는 조합원들의 말이 입에서 입으로 전해졌는지 다른 많은 조합원도 나를 추천해 주었다. 공직자들의 부정과 부패를 감시하는 시민단체로부터 청백리상까지 받았으니 최적임자라는 평이 오르내렸다. 나는 조합원들의 말에 힘입어 출사표를 던졌다. 그렇지만 상황은 그리 녹록지 않았다. 또 다른 후보자였던, 당시 이사장과 이사들은 현직에 몸담은 사람들이라 조합원들과 인적 유대가 나보다 훨씬 앞선 상태였다. 게다가 '전직 공무원이었던 사람이 과연 금융 기관의 책임자가 될 수 있을까?'라며 의아해하기도 했다. 그러나 나는 공직에 있을 때 총무 분야 책임자로 근무하면서 금융 관리에 자신이 있었다. 또 조합원들이 말하기를 다른 후보자들보다 젊다는 것과 청백리상을 받은 덕망 덕에 내게 많은 지지자가 있다고 했다.

조합이 창립(1969년)된 지 44년 동안 조합원들이 직접 선거로 이사장을 선출하는 것은 2014년 선거가 처음이었다. 총회 당일, 인근 초등학교 대강당에서 정견 발표가 열렸다. 나는 단상에 올라 조합의 경영 현황을 파악하여 잘못되고 미진한 부분에 대한 시정 및 향후 비전과 실천 계획을 명확히 설명했다. 여기저기서 응원 박수가 터져 나왔다. 조합원들에게 내 열의가 통했던 것일까. 예상외로 나는 70% 이상 압도적 득표를 얻어 방림신협의 이사장으로 당선되었다.

내가 부임할 당시 방림신협은 창립 44주년을 맞고 있었으나 자산은 2천억 원도 채 되지 않았다. 여러 가지 경영 수치 또한 중하위권에 머물러 있었다. 나는 계획했던 것을 실천에 옮기기 시작하였다. 먼저 조합원들과 소통의 창구를 열었다. 항상 이사장실 문을 열어 놓아 어느 때 누구와도 만날 수 있도록 하였고, 나를 찾아온 조합원들의 사소한 건의와 질책도 귀담아들어 조합 운영에 적극 반영하였다. 가능한 조합원들의 입장에서 문제를 해결해 주려고 노력했으며 조합을 믿고 자기 재산을 맡길 수 있도록 신뢰 구축에 나의 모든 열정을 쏟았다. 직원들 관리는 원칙에 벗어남 없는 신상필벌을 절대 준수하였으며, 특히 직급별로 유능한 직원 1명씩을 선발하고 선발된 6명으로 TF팀을 구성하여 전국에 모범 신협을 현지 답사시켰다. 거기에서 도출된 좋은 사례들을 벤치마킹하기 위한 계획을 수립하였다. 내가 이사장에 취임한 지 이듬해인 2015년 11월, 임직원이 모두 함께한 연수회 모임에서 TF팀이 작성한 보고서를 다시 한 번 심도 있게 토의하고 확정한 다음, 당장 실천이 가능한 일부터 차근차근 추진해 나아갔다.

    나의 이런 추진 계획과 실천은 조합이 튼튼하고 건강하게 급성장하는 데 적중했다. 내가 재임한 8년 동안 자산은 5천억 원을 돌파하여 대형 신협의 최상위권에 안착하였고, 매년 조합원 출자배당금도 3% 이상을 배당하였으며, 이용고(利用高) 배당까지 지급하였다.

    2021년에는 우리 방림신협이 전국 800여 개 조합의 종합경영평가에서 초유의 대상을 받았다. 참으로 놀라운 실적이었다. 26개 사업 전 분야에서 경영 평가 최상위 실적이 나오는 것은 상상도 못한 일이었다. 나는 방림신협을 건강하고 튼튼한 조합으로 성장시켜 믿음직한 후배들에게 자리를 물려주고, 2022년 2월 25일 퇴임하여 이제는 조합원의 한 사람으로 조합의 무궁한 발전을 위해 영원한 후원자로 남았다.

황금정원

정기수

직장에 매여 있는 동안 주말마다 시간을 내어 가꾸어 온 앞마당 정원에는 계절의 여왕인 5월의 봄이 한껏 뽐을 내고 있다. 사철 푸른 소나무와 동백, 자주색과 연푸른 잎이 섞여서 돋은 애기단풍, 연홍, 진홍, 백색의 철쭉 등……. 저마다 특색 있는 모습으로 존재감을 드러낸다. 이곳은 광주에서 차로 50여 분 거리에 있는 보성군 회천면 시골집이다. 50여 년 동안 일에 매여 있던 일상에서 벗어난 뒤로 주 3일을 이곳에서 지내며 자연을 닮고자 여유로운 노년의 시간을 보내고 있다. 십 년이면 강산이 변한다는 말을 눈으로 확인하면서 내 인생도 한 그루의 나무였다는 생각에 사로잡힌다.

부모님이 세상을 뜨신 후 한동안 주인 없는 집처럼 방치해 두었다가 2010년 봄, 나의 로망대로 한옥 본채만

남겨 놓고 곡간과 농기구 창고 두 채를 헐어 없앴다. 앞마당 100여 평 정도에 잔디를 심고 마당 너머에 정원수, 그 옆쪽에 유실수를 심었다. 묘목을 키우는 여느 농원처럼 400여 평 대지에 나무가 빼곡히 자리 잡았다. 내가 특별히 정을 쏟는 소나무, 단풍, 동백나무 모두 내 손으로 직접 심었다. 소나무는 정월 초하룻날 조상님 산소에 성묘 차 갔다가 한 뼘 정도 되는 것들을 두 손으로 쭉 뽑아와 심었고, 애기단풍과 동백나무 역시 한 뼘이었을 때 나와 눈이 마주쳐 앞마당 식구가 되었다.

묘목들이 뿌리를 내리는 2~3년 동안은 부모님을 찾아뵙는 마음으로 주말마다 빈집을 드나들었다. 내가 내 인생을 심도 있게 관찰하고 열성을 기울이듯이 나무에 물을 주고 흙을 북돋아 주었다. 처음 심어 놓았을 땐 과연 뿌리를 내릴 수 있을까 의구심을 가졌는데, 한 해 한 해를 지나면서 내 정성에 보답이라도 하듯 어린 묘목들은 가지를 뻗어 하늘을 우러르며 영역을 넓혀 갔다. 그 기세에 제멋대로 웃자랄까 봐 전지가위를 빼들었다. 누구의 간섭도 받기 싫고, 규범이나 규칙 따위도 무시하고 멋대로 말하고 행동하고 싶을 때 신앙이 나를 다듬는 조력자였듯이, 나와 아내는 나무들의 수형을 잡는 조경사가 되었다. 땅 위로 곧게 자라게 하는 직립형, 옆으로 비스듬히 기울어지면서도 위태롭지 않은 경사형, 키가 작고 아담한 원형 등등……. 각각 수형에 꼭 필요한 가지만

정기수

은퇴 후 정성껏 가꾼 보성 고향집의 정원

남기고 불필요한 가지들은 잘라냈다. 강산이 변하는 세월 동안 이처럼 심혈을 기울여 가꾸어 왔던 나무들은 내가 원했던 모습으로 성장하였다.

이뿐만이 아니다. 넓은 정원 사이사이에 내 키 정도의 돌탑 일곱 개가 빈집을 지키는 수호신처럼 서 있다. 나무 한 그루씩 심을 적마다 손바닥 크기의 돌이 무더기로 나왔다. 나무를 심는 수가 늘어날수록 돌무덤도 커졌다. 애물덩이를 어찌할까 고심하던 차 언젠가 마이산에서 보았던 돌탑이 떠올랐다. 아내는 돌을 나르고 나는 탑을 쌓았다. 사람의 얼굴 모습이나 성격이 천태만상이듯 돌 역시 크기가 다르고 모양이 어긋나고 비틀어져 똑같은 돌이 하나도 없었다. 아무리 작고 하찮아 쓸모없는 돌도 돌탑에는 제 자리가 있었다.

세상을 만들어 가는 조직 사회에서 사람들은 제 자리를 불평하고 남의 자리를 탐낸다. 그러나 돌은 제 자리를 불평하거나 원망하거나 밑에 깔려 있다고 위축되거나 위에서 군림한답시고 으스대지도 않는다. 서로 어깨를 부대끼고 얼싸안아 돌탑으로서의 존재 가치를 드러냈다. 돌탑과 정원수가 어우러진 우리집 앞마당을 보고 골목길을 오가는 마을 사람들은 한마디씩 극찬한다고 한다.

나는 공직생활 38년, 금융기관 8년 동안 '정기수' 이름 석 자에 붙여진 직함에 걸맞게 최선을 다하며 열심히 노력했다. 그러나 평생 몸담아 온 직장에만 열성을 쏟았지,

한 가정의 가장으로서 점수를 매긴다면 50점도 못 될 것 같다. 특별히 해 준 것이 없는데 평생 내 곁에 머물러 준 아내와 아이들에게 미안하고 고마울 따름이다.

    부모는 자식의 거울이 되고, 부모에게 날개를 달아 준 것은 자식이라 했던가. 큰아들은 S대학교 공과대학에서 석박사 학위를 받고 미국 버클리공대에서 박사 과정을 이수한 다음 대기업인 S그룹에 근무하고 있다. 둘째는 서울 H대학교와 캐나다 조지브라운대학을 졸업하고 대기업인 D그룹에 몸담고 있다. 두 아들 녀석들이 바르게 잘 자라 주어 기쁘다.

    공무원 봉급으로 서울 유학 뒷바라지도 힘들었는데 자식들이 외국 유학에 꿈을 두고 자신들의 전공 분야에 폭넓게 전념하고 싶다고 주장했을 때 나는 극구 반대했다. 유학 자금을 감당하기 어려운 실정이었기 때문이다. 아이들 역시 경제적으로 여유롭지 못하다는 것을 잘 알고 있었지만, 한 번 가진 뜻을 굽히지 않았다. 자식 이기는 부모 없다고, 그네들이 의지하고 비비댈 언덕이 되어 주어야 하니 자식들 의견을 따를 수밖에 없었다. 아이들은 학내 장학금과 국비 지원금, 심지어 본인들이 스스로 아르바이트까지 하면서 유학비를 충당하였다. 나로서는 큰 부담 없이 외국 유학을 보낼 수 있었다. 두 며느리 또한 서울 S대학에서 석박사 학위를 취득하였고, 큰아들과 같은 회사인 대기업 S그룹에서 근무하고 있다. 내가 가장 자랑스럽게 여기는 것은 아들 며느리는 물론 손녀 셋까지 천주교 세례를 받아 성가정을 이룬 것이다. 오늘의 내가 있기까지 버팀목이 되어 준 유년 시절과 수인 생활 그리고 신앙이 내 삶을 풍성하게 성장시켜 주었지 싶다. 이 모든 것을 하느님께 감사드릴 뿐이다.

    노년은 죽음을 준비하는 시기라고 생각한다. 인생을 살다 보면 다양한 인간관계에서 비롯된 수많은 문제와 마주하게 된다. 삶 자체가 크고 작은 협상의 연속이 아니던가. 지난 삶을 돌아보면서 잘못한 부분을 성찰하고 마음을 비워 내어 하느님께 조금이나마 더 가까이 다가가고자 함이 나의 마지막 바람이다.

최영후 崔永厚 이야기

저는 전라북도 순창군 적성면 운림리에서 1950년 1월 6일(음력)에 태어났습니다.

저는 아파트에서 청소직을 맡아 일주일에 세 번씩 일하면서 지내고 있습니다. 최근에는 요양보호사 자격시험을 보려고 오랜만에 책을 펼쳤습니다. 마침내 자격증을 취득해 뿌듯하고 즐거웠습니다.

가족에게 보내는 한마디

막둥이로 태어나 누나들의 보살핌으로 자랐기에 언제나 감사하는 마음을 간직하면서 살고 있습니다. 형님은 운동을 잘하여 몸도 건강했고 공부도 잘하는 분이었습니다. 그런데 벌써 세상을 떠난 걸 보면 건강은 평소에 지켜 가며 사는 것이지 타고나는 건 아닌 것 같습니다. 몸이 약해서 시작했던 의학 공부가 저의 건강을 지키는 데 보탬이 되었다고 절실히 느끼는 중입니다. 건강하지 못한 막내가 형제들에게 드리고 싶은 말씀은 건강은 건강할 때 지켜야 한다는 것입니다.

내 인생의 키워드

노력하는 삶, 배려하는 마음, 사회가 필요로 하는 나

이제 와 생각해 보면 나는 어릴 적부터 다방면에 관심이 많았던 것 같다. 누군가는 한 우물만 파서 그 분야의 전문가가 됐을지 모를 일이다. 그러나 나 같은 삶도 세월이 지나고 돌아보면 단조롭지 않고 뜻깊을 것이다.

따뜻했던 유년기

나는 형과 세 누나를 둔 막둥이로 태어나 가족들에게 사랑받으며 유년기를 보냈다. 국민학교에 입학할 때 새 신발과 옷을 선물받았다. 그것들을 걸치고 아버지의 손을 잡고 처음 학교에 갔던 날이 생각난다. 내가 다닐 학교에는 이미 형과 누나가 다니고 있어 셋이 함께 등교할 수 있었다. 뒷배가 있어서 그런지 학교에서도 무시당하지 않고 편하게 지낼 수 있었다. 그래서 나는 학교에 가는 것이 참 좋았다.

국민학교에 다닐 때는 나도 남들처럼 키가 쑥쑥 자라기도 했고 공부도 곧잘 했다. 그중에서도 특히 음악에 관심이 많았는데, 3학년 때 담임 선생님께서 음악을 열심히 가르치는 분이셨기 때문이다. 4학년 때도 이 선생님 학급이 되면서 나는 음악이라면 또래들보다 훨씬 더 잘 아는 수준이 되었다. 그 선생님의 성함이 이제는 기억나지 않는 것이 못내 아쉽다.

그때는 음악이라면 라디오를 통해 듣는 게 보통이었다.

나도 마찬가지였는데, 라디오로 음악을 듣는 것도 좋아했지만 라디오를 분해하는 것에도 재미를 붙였다. 라디오가 있으면 노래나 들으면 될 일이지, 그걸 뜯었다 다시 고치는 짓을 할 필요가 있을까? 그러나 당시에는 그런 일이 제법 흥미진진했다. 죄다 뜯어 보고 다시 조립해서 말짱해진 라디오도 있었지만 영영 돌이킬 수 없게 된 라디오도 상당했다. 그렇게 내 손을 거친 라디오가 몇 개였는지 모르겠다. 확실한 건 그 독특한 취미생활이 기술 계통의 수업을 하는 중학교로의 진학에도 한몫했다는 사실이다.

  국민학교에서 중학교로 진학할 무렵, 잊을 수 없는 사건이 하나 있다. 당시 마을에는 커다란 당산나무가 있었다. 그때는 지금처럼 어린이 놀이터랄 게 마땅치 않았다. 크고 튼튼한 나무, 그게 우리에겐 놀이터나 다름없었다. 나를 비롯한 동네 애들은 그 나무를 타고 노는 게 일과였다. 그날도 나는 어김없이 당산나무 위에 올라가 놀았다. 그러다 실수로 추락하고 말았다. 성인에게도 큰 나무인데 어린아이에게는 위험할 수밖에 없었다. 거기서 떨어지고도 나는 무사히 회복했다. 그런데 이상하게, 중학생이 되었는데 영 키가 자라지 않았다. 그때 나무에서 떨어진 게 화근이었던 것 같다.

  중학교는 집에서 이십 리 떨어진 곳이었다. 버스도 없던 시골 동네라 걸어서 통학했다. 다행히 같은 학교에 다니는

친구들과 함께 등하교할 수 있었다. 성장기를 맞은 그들은 키가 훌쩍 커진 상태였다. 친구들의 큰 보폭에 맞춰 걷느라 나도 빠르게 걸어야 했다. 그때 습관이 들어 버린 빠른 걸음은 나이가 들어 관절이 쇠약해질 때까지도 그대로였다.

중학교 때는 친구들끼리 용돈을 모아 빵집에서 빵을 사 나눠 먹곤 했다. 그런 자리에 나는 빠진 적이 없었다. 빵을 좋아해서가 아니었다. 음식을 많이 먹지 못했기 때문이었다. 지금은 여럿이 모여도 자기가 먹은 만큼만 돈을 내는 문화도 있지만 나 어릴 땐 무조건 사람 수대로 똑같이 뿜빠이(갹출)했다. 같은 돈을 내도 낸 만큼 못 먹는 사람이 끼면 나머지가 그만큼씩 더 먹을 수 있는 셈이었다. 이 정도로 입이 짧은 게 그땐 그저 체질인 줄 알았다. 잘 먹는 사람이 있으면 못 먹는 사람도 있기 마련이고 내가 그런 사람이었을 뿐이라고 여긴 것이다. 그게 아니라는 사실은 고등학교에 가고 나서야 뒤늦게 알았다.

중학교를 졸업한 뒤에는 순창농림고등학교(현 순창제일고)에 진학했다. 그럭저럭 유복한 어린 시절을 보냈다지만 학비가 비싼 인문계 고등학교에 갈 만한 형편은 아니었다. 그래서 농업에는 큰 관심이 없었는데도 학비가 비교적 저렴하다는 이유로 농고를 선택했다. 고등학교에서 삼 년간 농업을 공부했지만 졸업 후에 농사를 지을 수는 없었다. 중학교 때 B형간염에 걸렸던 탓에 건강이 나빠졌기 때문이었다. 잘 먹지 못하는 체질인

최영후

줄로만 알았던 게 사실은 B형간염의 증상이었다. 그런 줄 모르고 살다가 성인이 된 후 건강검진을 받으면서 깨달았다. 걸린 지 거의 오 년 만에 저절로 완치됐다는 것이다. B형간염이 그렇게 완치되는 병이 맞는지는 모르겠다. 여하튼 쇠약한 몸으로는 농사는커녕 뭐든 제대로 할 수 없다고 판단해 고등학교 삼 학년 겨울방학 무렵 임실군 둔남면의 군산당한약방에 들어갔고 요양하면서 한의학 공부를 시작했다.

인생을 함께한 한의학과의 만남

한약방에서 청소나 심부름 따위를 하며 한의학의 가장 기초인 한문부터 배웠다. 다행히 한문은 별로 어렵지 않았다. 주인 어르신께서 "너는 어째 한문을 잘 안다?"라고 물으시기도 했다. 그도 그럴 것이, 학교에서는 한문 공부를 거의 안 시켰기 때문이었다. 그러나 나는 서당에서 한문을 가르치는 아버지를 둔 사람이었다. 학교나 학원에 다닐 형편이 안 되는 아이들은 서당에 다니곤 했다. 서당에 오는 또래들의 한문 이야기에서 나만 빠질 수는 없으니 나도 역시 한문 공부에 열을 올렸다. 물론 아버지께 배운 게 아니라 독학이었다. 서당 개 삼 년이면 풍월을 읊는다는 말이 있듯 나도 그런 식으로 천자문부터 사자소학,

맹자까지 공부했다.

한약방에서 3개월쯤 지냈을 때였다. 어르신께서 일이 있어 광주에 가셔야 했는데, 타지에 가 보는 건 생전 처음이라 하셨다. 그 얘길 들으니 한의사라는 직업이 고리타분하게 느껴졌다. 어디 가지도 못하고 일만 해야 하는, 전망 없는 직업인가 보다 싶어 오래 지나지 않아 한약방을 나왔다. 집에서 잠깐 지내다 서울에 사는 누나 집에 잠시 놀러 갔다. 마침 매형의 동생이 일하는 자동차 정비소에 취직할 기회가 생겨 그곳에서 일을 시작했다.

한약과의 연은 자동차 정비소 취직 이후로 끝난 줄 알았는데 그렇지 않았다. 정비소 근처 재향군인회 건물이 있었는데 그곳에서 직업교육을 했다. 처음에는 재향군인회 회원들만 다닐 수 있었지만 몇 기수가 지나자 점점 수강생이 줄어들어서 그 가족과 추천자까지 수업을 들을 수 있게 했다. 마침 누나를 통해 알게 된 사람이 재향군인회에 소속되어 있었다. 우연히 나온 한약 이야기에 내가 알은체를 하자 그가 나를 재향군인회에 추천해 줄 테니 직업교육을 받아 보라고 제안했다. 그 덕으로 정비소에 다니면서 주말마다 한약 공부를 이어 갔다.

직업교육에 강사로 오는 사람들은 경희대 한의학과에서 강의하는 교수들이었다. 대학 수업과 다를 바 없는 교육을 받으며 제대로 공부할 기회였다. 그렇게 열심히 공부해 일 년에 한 번 있는 한의학 시험에 응시했다. 물론 첫 번째 시험은 결과를 볼 것도 없이 탈락이었다. 애당초 오 년 경력이 있어야 했기 때문에 경험 삼아 접수해 본 것이었다.

　시간이 지나고 두 번째 시험을 칠 때였다. 그때는 경력도 있으니 합격을 목표로 공부에 더욱 정진했다. 나름대로 최선을 다해 준비했다고 생각했는데 한 가지 간과한 사실이 있었으니, 그것은 뒷돈을 주는 것이었다. 그때는 돈으로 시험에 합격하는 걸 쉬쉬하면서도 그러려니 하는 시대였다. 시험 결과, 필기 성적은 좋았지만 실기를 못 봤다며 불합격을 받았다. 나는 받아들이기 어려웠다. 필기 시험의 높은 점수를 뒤집을 만큼 실기 시험을 못 본 것 같지도 않았다. 그러니 직원의 호주머니에 뭐라도 찔러주지 않아서 이렇게 된 건 아니겠냐, 하는 생각이 드는 것도 당연했다.

제분소의 인연으로 결혼까지

　공부를 마치고 광주에 내려와서 한약을 환으로 만드는 제분소를 차렸다. 그즈음 고향 집을 팔아 온 가족이 광주에서 생활하기 시작했다. 막내인 내가 어머니를 모시고 대인동 롯데백화점 극장 앞에서 살기로 했다. 어머니께선 동년배 친구분들과 극장 앞에 앉아 담소를 나누며 노시곤 했다. 어머니들이 으레 그렇듯 우리 어머니께서도 자식

자랑을 곧잘 하셨다. 한약도 알고 침도 잘 놓고……. 소식을 들은 동네 어르신들이 종종 나를 찾아왔다. 간단하게 진찰을 보고 침도 놓아드렸더니 참 좋아하시던 기억이 난다. 그런 식으로 몇 번 뵈었던 할머니와 알고 지냈는데, 그분 며느리의 동생이 제분소 근방에서 요구르트를 배달했다. 거기서 요구르트를 사 먹으며 얼굴을 익히자 다시 그 사람의 동생을 소개받았다. 곧 아내가 될 사람이었다.

해남 땅끝마을 출신이었던 여자는 나를 만나기 위해 광주로 올라왔다. 북동에 있는 '별다방'(지금의 스타벅스가 아니라 이름이 '별다방'이었다)에서 맞선을 봤다. 나는 키도 작고 썩 잘난 것도 없는 사람이라 상대가 누가 되든 여간하면 결혼할 작정이었는데 다행히 상대도 나를 마음에 들어 하는 눈치였다. 별다방에서 몇 마디 나누고 다시 해남에 돌아갈 때, 또 광주에 오게 된다면 꼭 다시 만나기로 약속했다.

약속대로 여자가 다시 광주에 왔을 때는 사직공원 동물원도 구경 다니며 제법 연인다운 데이트를 했다. 그는 나를 만나러 광주에 오면 수피아여고 쪽 언니 집에서 머물렀다. 거기서 산책을 시작했다가 도청 쪽까지 오고 말았다. 서로 호감 있는 두 사람이 도란도란 이야기를 나누는데 좀 걷는 것이 대수인가? 하지만 그 거리가 걷기에 제법 먼 것도 사실이거니와 그때는 지금처럼 길이 좋지도 못했다. 이런저런 이유를 들어 보았으나 결론은 '힘들다'며, 그쪽에서 먼저 쉬었다 갈 것을 제안했다. 우리는 여인숙에 방을 잡고 들어가 앉았다. 날도 슬슬 어둑해질 무렵 막 데이트를 끝낸 청춘 남녀가 여인숙 한방에 들어가 있었으니 무슨 말이 더 필요하겠는가?

그렇게 연애를 한 지 일 년 만에 우리는 결혼했다.

제분소에 다닐 때는 휴일이 없었으니 결혼할 사람의 가족에게 인사 한번 드리러 가는 게 쉽지 않았다. 친정 식구들도 결혼식 당일에야 처음 소개받았다. 딸이 일곱 명, 아들이 세 명인 대가족이었다. 아내는 남매 전체에서 셋째, 딸 중에선 둘째였다. 나 역시 집안의 막둥이로 자라서 대가족이 편하고 좋았다. 친정도 내가 살아온 환경과 비슷해서 낯선 감이 없었던 것 같다.

친정에 처음 방문한 날도 결혼 이후였다. 비포장도로를 다섯 시간 동안 달려 해남군 현산면에 도착했다. 마당이 넓고 큰 집에서 아내는 평생을 살아왔다고 했다. 장인께선 국민학교 교사였는데, 출근 전과 퇴근 후에 짬을 내 농사까지 지으며 사셨다고 들었다. 그렇게 자수성가해 집안을 일으켰다고 했다. 장인은 나와 달리 키도 크고 힘도 굉장히 좋은 분이었다. 그런 사람이 어찌 나를 사위 삼았나, 하는 생각도 들었다.

결혼 후에 알았는데 아내에게는 심장판막증이라는

병이 있었다. 젊을 때는 괜찮았지만 나이를 먹으니 고된 일은 눈에 띄게 버거워했다. 장인으로선 딸에게 병이 있으니 누가 아내로 맞으려 할지 염려가 있었을 터였다. 나는 술담배도 전혀 하지 않았고 성실히 일하는 것을 보아 그럭저럭 착실히 먹고살 사람 같아 보였으니 외적으로 훌륭하지 않아도 사위로 삼았을 거라고 여겼다.

　아내는 예뻤고 키도 나보다 조금 더 컸다. 심장병 때문에 중학교를 졸업한 뒤엔 가사 일을 도우며 생활했다. 가족이 많아서 그런지 생활력이 좋았다. 특히 음식을 참 잘했다. 해남 출신답게 해산물 요리를 맛있게 했다. 반면 산에서 나는 나물류 요리에는 약했다. 한 가지 기억나는 일화가 있다. 약초를 사러 갔다가 좋은 생더덕이 눈에 들어왔다. 그걸 사다가 아내에게 더덕장아찌를 해 달라고 건네주곤 며칠간 잊고 지냈다. 그러다 불현듯 더덕이 생각나 물어봤다. 아내는 장아찌가 완성되려면 좀 더 기다려야 한댔고, 곧이곧대로 기다렸다. 그런데 며칠을 더 기다려도 더덕장아찌는 구경조차 할 수 없었다. 직접 나서서 찾아보니 그때 사다 준 더덕이 상해 있었다. 더덕장아찌를 할 줄 모르면 못 한다고 말해도 됐을 텐데 싫었지만, 생각해 보면 아내는 음식에 대한 자부심이 있는 사람이었다. 그런 사람이 요리를 못 한다고 말하는 건 자존심 상하는 일일 게 분명했다. 그래서 나중에는 더덕구이 만드는 걸 직접 보여 주었다. 역시 기본 실력이 있는 사람이라 한번 해 보더니 그 뒤로는 곧잘 만들어 주곤 했다.

피서철에는 장인의 고향인 보길도로 여행을 갔다. 미역쌈이란 것도 먹고, 배를 타고 구경 다니기도 했다. 보길도에는 윤선도 사당과 정원이 있었다. 그때는 윤선도가 유명한 인물인 줄 몰랐지만 사당 주변 경치가 출중했던 것만은 지금까지 기억한다.

제분소 다음은 건강원

제분소 일을 이 년쯤 했을 때였다. 롯데백화점 근방에 세가 올라 더는 운영할 수 없어 일을 그만뒀다. 집도 산수시장 근처로 이사했다. 마침 시장 근처는 월세가 저렴했고 한약재도 많이 팔아서 약재상을 잠깐 운영했다. 장사가 잘되니 바로 옆에 건강원을 차렸고 약탕기도 한 대 놓았다. 그렇게 약도 달여 팔면서 건강원 운영을 본격적으로 시작했다. 집도 시장 근처였고 건강원도 시장 안에 있어서인지 시장 사람들과 가까이 지낼 기회가 상당히 많았다. 아내 친구들도 대부분 산수시장 안에서 장사하던 사람이었다. 하지만 세월이 지나니 원체 몸이 좋지 않았던 아내가 건강원 일을 힘들어했다. 결국 십여 년간 운영하던 건강원을 정리하기로 했다.

가게를 접었으면 취업을 해야지

건강원을 정리한 뒤 찾은 일자리는 청소 업체였다. 고속도로 청소 업체의 구인 공고였으니 고속도로를 청소하고 정비하는 인력을 구하는 줄 알고 지원했다. 그런데 취직하고 보니 그저 청소 용역이었고 나는 상무지구 이마트에 야간 바닥 청소 인력으로 보내졌다. 여태 한방 관련 장사만 해 왔지, 청소 일은 처음이라 많이 배워야 했다. 일 년 정도 일하다 보니 나름대로 실력이 늘어 청소 기계도 직접 몰았고 왁스 작업도 손수 할 정도가 되었다. 아마 이 년 정도 그렇게 일했을 것이다. 이 연차면 책임자로 승진시켜 줄 만도 한데, 업체 내에 나처럼 높은 자리를 노리는 사람이 많았다. 사람 많은 집단에 계급이 있으면 파벌 싸움도 자연히 생기는 법이다. 그런 사정들을 알고 나니 아무래도 오래 일하기는 어렵겠다고 판단해 다른 청소 업체로 이직했다.

옮긴 곳은 그 업체에서 간부급 인력 세 명이 나와 만든 '가인텍'이라는 업체였다. 같은 곳에서 일했다는 점을 면접 때 강조한 덕인지 여기서는 나름 요직을 맡을 수 있었다. 가인텍은 전라도 전역의 빅마트를 돌면서 바닥 왁스 작업을 하는 업체였다. 그때는 전라도에 빅마트가 열세 개 있었던 시절이었다. 그곳을 한 곳씩 방문해 바닥에 왁스칠을 했다. 얼마 뒤 우리 팀의 반장이 일을 그만두자 내가 반장을 맡았다. 함께 청소하는 여사님 네 분을 봉고차에 태우고 빅마트 열세 곳을 돌았다. 전주부터 영암 대불공단까지 열심히 다녔다. 야간 업무라 주간 일보다 어려운 점도 분명히 있었다. 한밤중에 고속도로를 운전하는 건 언제나 특별히 조심해야만 했었다. 그래도 나는 정을 붙이고 제법 즐겁게 일했다.

   한동안 청소 업체에서 일하다가, 마침 집 근처 동성교회에서 집사를 구하기에 그쪽으로 이직했다. 집에서 멀지 않아 아내도 같은 교회 식당에서 일했다. 후술하겠지만 여기서 일할 때는 방송통신대학교에 다니고 있었는데, 이십 년째 다니던 학교를 졸업하도록 도와주신 목사님도 이곳에서 만났다. 교인들도 목사님처럼 친절하고 배려심 있는 분들이어서 오래 일할 수 있겠다고 생각하던 때였다.

   2002년, 심장이 좋지 않았던 아내가 일찍이 세상을 떠났다. 아내가 떠난 후 나도 천천히 주변을 정리한 뒤 2003년에 서울로 훌쩍 올라가 버렸다.

   죽을 게 아니라면 살 뿐이다. 살기 위해서는 돈을 벌어야 하는 법이다. 먹고살 길을 찾다가 동성교회에서 집사로 일한 경력을 살려 성신제일교회에 들어갔다. 그곳은 약 삼백 명 정도가 다녔고 교인들끼리 단합이 잘 되는 분위기였다. 교회에서 진행하는 행사도 많은 편이었다.

외부 행사가 있는 날에는 사람들이 중형버스를 타고 이동했는데 내가 버스 운전도 도맡았다. 청소 업체에서 일할 때 봉고차를 운전한 적은 있었지만 버스 운전은 처음이라 상당히 애를 먹었다. 한번은 분당까지 다녀왔다. 그날은 운전대를 잡는 게 긴장됐다. 행여나 사고라도 날까 걱정했지만 다행히 금방 익숙해져 큰일 없이 행사를 잘 다녔다.

성신제일교회에서 일하는 건 힘들지 않았다. 그러나 일 년 만에 그만두고 도로 광주로 내려왔다. 서울에 막 도착했을 때 만난 사람들에게는 아내가 세상을 떠났으니 앞으로는 혼자 살겠다고 말하고 다녔다. 정말로 혼자 살 작정이기 때문이었다. 그러다 우연히 한 여자를 소개받았는데 그가 나를 끈질기게 쫓아다녔다. 결국 그 여자와 재혼했고, 혼자 살 거라고 말해 둔 마당에 결혼해 버렸으니 별수 없이 광주로 내려온 것이다.

새 부인을 맞은 만큼 오래도록 잘 살면 좋았을 것을. 삼 년 정도 같이 살다가 이혼했다. 그가 내 인감을 위조해 사채업자에게 이천만 원을 대출했기 때문이었다. 그를 고소했지만 패소했고, 빚 이천만 원을 오롯이 떠안아야 했다. 그리고 얼마 지나지 않아 이혼소송을 제기해 완전히 갈라섰다.

이십 년에 걸친 대학 생활

내가 고등학교 삼 학년 때 학력고사 제도가 도입됐다. 시험에 떨어지는 바람에 대학에 못 갔는데 이상하게 그것이 오래도록 미련으로 남았다. 영영 대학에 갈 일은 없겠다고 생각하며 살던 중 방송통신대학교가 설립됐다. 직장생활을 하면서도 대학에 다닐 수 있다고 해서 크게 고민하지 않고 등록했다. 인터넷으로 대학에 다닐 수 있다는 게 신기하기도 하고 들떠서 공부가 즐거웠다. 그러나 영어 공부만큼은 마음대로 되지 않았다. 영어 수업 하나를 몇 번이고 재수강하느라 졸업을 못 하고 있었는데 2년제였던 학교가 4년제로 바뀌었다. 나는 영어에 발목 잡히던 와중에도 욕심이 생겨 추가로 이 년 더 등록했다.

그래도 공부가 마음처럼 쉽지는 않았다. 일하면서 공부하자니 성적이 잘 나오지 않아 수업 몇 개는 수년에 걸쳐 수강해야 했다. 다행히도 동성교회에서 일할 때 좋은 목사님을 만나 많은 도움을 받았다. 목사님은 내가 일하는 도중에도 공부할 수 있도록 양해해 주신 데다 본인이 아는 거라면 무엇이든 가르쳐 주셨다. 이십 년 만에 대학을 졸업한 데는 이분의 공이 매우 크다고 할 수 있다.

학사 졸업 논문은 한방민간요법에 관한 내용으로 작성했다. 처음에는 '이 내용으로 논문을 써도 통과할 수 있을까?'하는 의구심도 있었다. 그러나 내가 가장

최영후

ⓒ 이유진

자신 있게 연구할 수 있는 분야는 역시 이것뿐이겠다는 생각이 들었다. 교회에서 만난 교인들에게 직접 만든 설문 조사지를 돌리고, 그 자료를 데이터로 가공해 첨부했다. 평생에 걸쳐 한 한약 공부는 이런 식으로도 도움이 되었다. 내 연구도 의미가 있었는지 논문은 심사를 거쳐 무사히 통과됐고, 드디어 나도 대학 졸업장을 받을 수 있었다.

산수시장이 경매에 넘어가다

그렇게 다양한 일들을 하면서 지낼 때, 잊을 수 없는 사건이 내게 닥쳤다. 십여 년간 건강원을 운영했던 산수시장이 경매에 넘어갔고 그 일로 재판이 진행 중이라는 소식이 들려온 것이다. 시장은 빚더미에 나앉기 직전이었고 내가 대책위원회의 대표를 맡게 됐는데 그해가 2002년이었다.

산수시장 재개발과 재판에 관한 기록은 지금도 모조리 가지고 있다. 사건의 경위는 이러하다.

시장 부지는 원래 농사를 짓던 땅이었는데 주변에 건물들이 들어서고 발달하기 시작하면서 산수시장이 설립됐다. 2000년도에 이미 설립 삼십 년이 넘었던 것으로 보아 1970년 이전에 지었을 것으로 추측된다. 시장이 생긴 후 십 년 정도는 활발히 유지됐다고 한다. 산수시장을 지은 설립자가 이후 호남시장까지 지은 것으로 보아 근방 주민들이 산수시장을 많이 이용해 제법 수익이 났던 것 같다.

    시간이 지나면서 슬슬 재개발에 관한 이야기가 돌기 시작했다. 1990년대부터 재개발을 추진했는데 결과적으로는 실패했다. 현대건설이 맡는댔다가 엎어지고, 동아건설이 맡는댔다가 또 엎어졌다. 그러다 공영토건의 지원을 받은 광주 사람이 연방건설을 설립해 재개발을 직접 추진하기로 했다. 지하 이 층까지 파내면서 순조롭게 진행되나 싶었는데 딱 거기까지였다. 모종의 이유로 재개발이 다시금 흐지부지 중단되고 말았다.

    그때 재개발을 위해 신탁회사에 산수시장 땅을 맡기고 16억을 빌렸는데, 재개발이 제대로 되지 않은 채 십 년이 지나니 원금보다 이자가 더 커진 상황이 왔다. 결국 산수시장은 경매에 넘어갔다. 산수시장 측은 불법 유착이 있었다고 판단해 연방건설 및 신탁회사를 지원했던 토마토주식회사에 소송을 걸었다. 이 소송에만 십 년이 걸렸다. 기나긴 소송 끝에 산수시장은 패소했다. 그사이 이자는 또 몸집을 불렸다.

    내가 대책위원회 대표를 맡기 전 대표직에 있던 사람들도 보통이 아니었다. 전전 대표는 연방건설과 재개발 계약을 진행한 사람이었다. 연방건설에서 큰 건물을 지어

산수시장 재개발 현장

주고 시공비 일부도 부담하기로 한 계약이었다. 실제로 시공도 조금 했었다. 그런데 알고 보니 당시 연방건설은 종합건설회사가 아니어서 계약에 따른 큰 건물은 지을 수 없었다. 대표는 이 사실을 뒤늦게 알고 계약을 파기하려 했다. 애초에 연방건설과는 가계약서만 작성했을 뿐 정식 계약을 하지 않은 상태였다. 그런데 재판에서 연방건설은 가계약이 아닌 정식 계약이었다고 주장했다. 이 재판에는 삼 년이 걸렸다.

다음 대표는 연방건설로부터 착수금 1억을 받았다. 이 돈은 본디 산수시장의 돈이어야 했는데 시장에는 통장이 없으니 시장 대표의 개인 통장으로 입금된 것이다. 대표는 받은 1억을 산수시장을 위해 사용하겠다고 했으나 전기요금만 한 번 냈을 뿐, 그 돈은 온데간데없이 사라지고 말았다. 이 자를 상대로 또 재판이 열렸고 이 년이 걸렸지만 그는 당시 나이 82세, 고령이라는 이유로 징역 1년형을 선고받는 게 고작이었다. 재판 당시 착수금을 받았던 그의 통장에는 돈이 한 푼도 없어서 산수시장 역시 돈을 돌려받을 수 없었다.

그다음 대표직을 내가 맡았다. 시장 안팎의 문제로 지겹고 머리 아픈 재판을 몇 년이나 진행하느라 시장 사람들은 지칠 대로 지쳐 있었다. 평생 시장에서 먹고살던 사람들이 법 지식을 알면 얼마나 알았겠는가? 그건 나도 마찬가지였다. 법 지식이 부족한 사람들만 잔뜩 모인

데다 잇따른 소송들에 다들 지쳐 버렸으니 정작 중요한 재판이 제대로 굴러갈 리 없었다. 1심과 2심에서 모두 승소했지만 회사 측의 상고로 대법원까지 간 상태였다. 이 재판에서 파기 환송 판결이 나 다시 고등법원으로 돌아가야 했다. 그 지경이 되니 누구도 재판에 신경을 쓰지 못했다. 설상가상으로 1심, 2심을 도맡아 하던 변호사가 사임하기까지 했다. 우리의 불찰이었다. 우리는 계속 함께해 온 변호사가 마지막까지 재판을 진행해 줄 거라고 생각했다. 그러나 변호사는 선임비를 받지 못했으니 재판을 맡지 않겠다고 했다. 파기 환송된 재판에도 변호사 선임비를 지불해야 한다는 사실을 시장 사람 중 누구도 알지 못했다.

그렇게 산수시장은 십 년의 재판 끝에 패소했고 헐값에 팔리고 말았다.

눈 뜨고 코 베인다는 말이 있다. 알지 못하면 눈앞에서 코를 베어 가도 어찌할 방도가 없는 법이다. 우리에게 법률 지식이 있었더라면 마지막까지 제대로 대응할 수 있었을지도 모른다. 어쩌면 애당초 재판까지 가지 않고 재개발을 무사히 마칠 수 있었을지도 모른다. 이래서 배우고 공부해야 했다. 나도 나름대로 공부깨나 했다고 생각했지만 법 싸움에서 법을 모르니, 농사지을 줄만 아는 사람이 괭이 들고 전쟁터에 뛰어든 모습과 다를 바 없었다. 그것이 두고두고 기억에 남는다.

최영후

중국에 다녀오다

산수시장 근처에서 살면서 건강원을 운영하다가 지산동으로 이사했다. 지산동에서도 꽤 오래 살았는데 그 동네에 주공아파트가 들어선다는 소식이 들렸다. 거기 있던 건물들을 죄다 밀어야 아파트를 세울 수 있으니 살던 사람들에게 보상금을 주어 퇴거하게끔 했고, 나는 1억 천만 원을 받았다. 때마침 그 시기에 중국문화원에서 진행하던 육 개월 과정의 침술 교육을 받고 있었다. 교육 과정에는 중국에서 해부학 교육을 받는 것이 필수였는데 보상금을 받은 김에 그 돈의 일부를 들고 열흘간 중국에 다녀왔다.

더위도 한풀 꺾인 9월이었다. 중국에 도착해 첫 일주일 동안은 심양에 있는 요녕중의약대학교에서 지내며 공부했다. 하루에 세 시간에서 네 시간 정도 인체 해부학, 침술, 마사지, 의학 전반에 관한 수업을 들었다. 그전에도 교수들에게 한의학 수업을 들은 적 있었고 늘 통역사가 함께였기 때문에 중국어 수업도 썩 어렵지만은 않았다. 아무리 열심히 공부해도 시간이 지나면 차차 잊어가기 마련인데, 그러지 않으려고 틈틈이 공부를 계속한 덕을 보았다. 그곳에서 마사지를 실습하면서 찍었던 동영상은 지금도 가지고 있다.

교육이 끝난 후 나머지 사흘 동안에는 여기저기 돌아다니며 관광했다. 중국은 워낙 땅이 넓어서 도시를

최영후

중국여행 공항에서

요녕의학대학

옮길 때 버스로 다섯 시간씩 가야 했다. 그 탓에 하루에 도시 한 곳 정도나 둘러볼 수 있었다. 학교가 있는 심양부터 산둥까지 둘러보고 한국으로 돌아왔다. 중국을 여행하면 보통 간다는 베이징, 상하이 같은 대도시나 백두산 같은 곳은 구경도 못 하고 시골 여행만 한 터라 어디 자랑도 못 할 거리이긴 하다. 그래도 나로선 관심 있던 침술이며 마사지를 중국 대학에서 공부할 수 있는 좋은 기회였다는 점에서 의미 있는 여행이었다.

직장은 내 힘의 원천이다

내 생활과 건강의 원동력은 직장생활이다. 이곳저곳 일터를 옮겨 다니기는 했으나 일하지 않은 상태로 지낸 적은 드물었다. 하는 일도 대부분 내가 자신 있고 좋아하는 것들이라 힘들고 어렵다는 생각 없이 즐겁게 직장생활을 해왔다.

교회 집사로 얼마간 일하다가 새로운 일자리를 구할 즈음이었다. 며칠간 사랑방신문 구인란을 보다가, 나이가 많거나 나처럼 몸집이 작은 남자들이 취직하기에는 기술직만 한 게 없다는 생각이 들었다. 어떤 기술을 가지면 좋을지 살펴보는데 보일러 기술자 구인 글이 신문에 자주 오르는 것이 눈에 띄었다. 마침 계림초 근처의 호남직업전문학교에서 수강생에게 차비와 밥값을 주면서 직업교육을 한다는 이야기를 듣고 보일러 관련 자격증을 취득할 수 있는 과정에 등록했다. 이때 취득한 보일러산업기사(현 에너지관리기사) 자격증을 활용해 우산동 싼타모호텔에서 보일러 관리직으로 일을 시작했다.

　내가 할 일은 지하실에서 보일러를 가동하는 것이었다(그때는 보일러 작동을 모두 사람이 직접 해야 했다. 지금은 방에서 버튼만 누르면 적절하게 조절되니 이런 인력이 필요치 않다). 그러다 호텔 내 사우나탕 물 관리와 청소까지 같이하게 되었다. 물 관리는 쉽지 않았다. 사우나탕이 24시간 열려 있었으니 관리도 24시간 해야 했다. 사우나 관리인은 나 말고도 한 명이 더 있었다. 그 사람과 교대하는 시간은 오전 일곱 시였다. 하지만 다섯 시부터 물을 채우기 시작해야 정해진 시간에 원활하게 교대할 수 있었으니, 적어도 네 시에는 일어나야 했다.

　그에 비하면 청소는 어렵지 않았다. 청소 업체에서 청소를 전문으로 해 본 적 있어서인지, 사우나 안을 깨끗하게 치우고 각종 먼지와 얼룩을 닦는 일쯤은 다른 것에 비하면 간단했다. 유리창이며 거울을 매끈하게 닦아 두는 건 내 전문이었다. 그런 게 깨끗해야 사람들이 사우나에 들어섰을 때 쾌적하다고 느끼는 법이다. 사우나도 호텔도 내 것은 아니었지만 내가 관리하고 청소하는 곳에 들어오는 사람들이 깨끗하고 기분 좋다고 느끼는 편이 지저분하고 불쾌하다고 느끼는 것보다는 훨씬 나았다. 그런 마음으로 최선을 다해 청소했다.

호텔을 그만둔 뒤에는 매곡동에 있는 건강랜드에 들어갔다. 여기서는 사 년을 일했다. 호텔에서와 마찬가지로 보일러를 관리하면서 목욕탕, 사우나 청소도 했다. 여기는 남탕과 여탕에 각각 큰 목욕탕과 사우나가 있었다. 규모가 큰 만큼 할 일도 많았지만, 일의 범위가 많은 것이지 과정이 많은 건 아니었다. 그러니 사 년 동안 일하면서도 특별히 힘들다는 생각은 들지 않았다. 그러다 화정동 근처 부영 사우나에서 월급을 두둑이 쳐 준다고 하여 그리로 옮겼다. 이직하는 조건이 가스기능사 자격증을 취득하는 거라 일주일 동안 자격증 공부를 혹독하게 했다. 이곳으로 옮기기 위해 화정동에 아파트를 구해 이사까지 한 상태였다. 그전까지는 취미 삼아 공부했기 때문에 자격증 하나가 이토록 간절했던 적은 없었다. 다행히 자격증을 따서 약속대로 일을 시작했다. 이왕 자격증 공부에 손을 댄 김에 소방안전관리자 자격증까지 취득했다. 이런 자격증들이 있으면 직장을 구하기에도 자격증이 없는 것보다 수월할 것이고, 업무나 급여 등에서 유리할 거라고 판단했다.

화정동 사우나에서는 오래 일하지 못했다. 사우나를 운영하던 사모님이 동생의 남편에게 자리를 주기 위해 나를 내보냈다. 역시 사회생활에서 가장 어려운 건 인간관계다.

서로 이해하고 배려하며 타인을 대하면 참 좋으련만, 모든 사람이 그러지는 않았다. 마찬가지로 나 역시 남들을 그런 태도로 대하기 위해 많이 노력하고 신경 써야 했다. 모든 사람과 호의적인 관계를 맺는 건 참으로 어려운 과제다.

 다음 일자리는 화순에 있는 요양병원이었다. 면접을 볼 때 최소 이 년, 가능하면 오래 일하고 싶다고 말했다. 내 이력 때문인지 자격증 때문인지 오래 일하겠다는 말 때문인지 모르겠지만 어렵지 않게 취직했다. 그렇게 두 달가량 일했을 때였다. 정말로 우연히 사랑방신문에 올라온 두암주공아파트 보일러 기관장 구인 공고를 보았다. 나도 모르게 그곳에 전화했는데 당장 다음 날 면접을 보러 오라는 답변을 받았다. 요양병원 쪽에는 몸이 안 좋으니 병원에 가야겠다고 거짓말을 하고 면접을 보러 갔다. 며칠 뒤 아파트에서 출근하라는 연락이 왔다. 오래 일하겠다고 말해 놓고선 최단기로 이직해 버린지라 여전히 죄책감을 조금 느끼고 있다.

 두암주공아파트에서는 이 년 정도 일했다. 이때는 씁쓸한 이유로 일을 그만둬야 했다. 배관에 문제가 생겼을 때 내가 직접 수리하면서 부품 몇 가지를 아파트 예산으로 구매했었다. 그때는 부품의 시세며 견적을 잘 몰라서 견적서에 나온 그대로 돈을 냈다. 배관 수리는 탈 없이 끝났다. 그러나 시간이 지난 뒤 예산안을 검토할 때 문제가 생겼다. 부품을 몇 배나 비싸게 구매했으니 나더러 책임지라는 것이다. 시세를 몰랐던 게 죄라면 죄겠지만 나로선 황당하지 않을 수 없었다. 어쩌면 아파트 측에서는 내가 부품 판매 업체와 손을 잡고 견적을 일부러 높게 잡아 차익을 횡령했다고 판단했을지도 모르겠다. 그러나 나는 오히려 사기를 당한 쪽이었다. 이미 지나간 일을 돌이킬 수도 없었고, 횡령한 돈이 없으니 돌려줄 돈도 없었다. 결국 이런저런 이유를 들어 일을 그만두기로 했다.

두암주공아파트에서 나온 뒤, 2016년 11월부터는 주월동의 요양병원에 취직했다. 공고에 가스, 보일러 자격증을 가진 사람을 구한다고 적혀 있어 곧장 지원했고 어렵지 않게 합격했다. 화순 요양병원에 이어 병원 일은 두 번째였다. 하는 일은 보일러를 비롯한 냉난방 시설 관리였다. 병원이나 목욕탕이나 호텔이나 별반 다를 게 없었다. 기계는 어디에서는 다루는 법이 비슷하기 때문이다.
이곳은 업무 환경이 깨끗해서 일하는 데는 어려움이 없었다. 다만 잠자리가 상당히 불편했다. 요양병원 특성상 모든 기계가 24시간 가동되어야 했으므로 관리자도 늘 병원에 상주해야 했다. 다른 병원은 자는 곳이 따로 마련되어 있다지만 이곳은 기계가 있는 지하실이 곧 잠자리였고 아쉽게도 냉난방 시설이 제대로 갖춰지지 않았다. 그나마 창고에서 전기장판, 전기 요를 가져와

사용했지만 겨울에는 춥고 여름에는 더웠다. 그것이 유일한 흠이었다.

　기계실에서 일하던 중 요양병원 청소하던 사람이 일을 그만뒀다. 병원에서는 새 인력을 뽑지 않고 나에게 청소 일부를 담당하라고 했다. 처음에는 일이 늘어난 게 마냥 달갑지만은 않았다. 그러나 얼마 지나지 않아 보일러를 전부 자동식으로 바꾸면서 내가 할 일이 없어졌다. 일부나마 청소 일을 맡지 않았다면 보일러 교체와 동시에 해고당했을지도 모를 일이었다. 다행히 기계 관리와 일부 구역 청소였던 내 업무가 청소 전담으로 바뀌면서 얼마간 더 일할 수 있었다. 그렇게 병원 내부 청소를 도맡아 하고 가끔 전기 문제가 생기면 직접 손보는 정도로 업무를 이어 갔다.

　병원은 본관, 별관으로 구성되어 있었는데 나는 별관에서 일하다 이 년쯤 뒤에 본관으로 옮겨졌다. 본관은 숫자 4를 건너뛰고 5층으로 표기한 사 층짜리 건물이었다. 여기에는 각 층마다 한 명씩 청소 담당자가 있었다. 그러니까 본관 청소 인력이 네 명이었던 셈이다. 내가 본관에서 일한 지 이 년쯤 지나자 병원 측은 청소 업무를 용역에 맡기고 인력을 줄이기로 했다. 본관에서 일하던 네 사람 중 가장 나이가 많았던 내가 인력 감축 대상자가 되어 병원을 떠나게 되었다.

아직 나는 일할 수 있다

    나이. 그것은 종종 내 취업의 걸림돌이 되었다. 요양병원에서 나온 뒤로 이곳저곳 일자리를 구하러 다녔지만 내 나이를 듣고서는 하던 면접도 끊어 버리는 게 다반사였다. 내게는 기술도 이력도 있었지만 젊음은 없었다. 젊음이 기술이나 이력보다 유리할 수 있다는 걸 젊을 때는 생각지 못했던 것 같다. 그럴지언정 일도 하지 않고 지낼 수는 없었다. 다행히 집 근처 동산로얄 아파트에서 청소직으로 지금까지 일하고 있다. 월급이 많은 건 아니지만 노년기에 그럭저럭 지낼 정도는 된다. 집에 있어도 특별히 하는 일이 없다면 직장을 구해 운동한다는 생각으로 출근한다. 시간도 잘 가고 하루가 보람차다.

    이곳은 십 층짜리 아파트 총 다섯 라인을 두 사람이 나눠서 청소한다. 일주일에 세 번 출근하니까 하루에 한 라인만 청소해도 되는데, 그래서는 도저히 깨끗하지 않았다. 전에 일하던 사람은 그렇게 일했던 모양인데 내 기준으로는 영 성에 차지 않았다. 게다가 나는 이전부터 청소 일을 한 적 있다고 말해 둔 터라 그만한 실력을 보이는 게 도리였다. 그래서 출근하면 내가 맡은 두 라인 반을 전부 청소한다. 그래 봐야 두 시간 안에 끝난다. 청소에도 기술이 있고, 장비와 약품을 다룰 줄 알아야 한다. 나는 나대로 요령이 있어 남들보다 빠르고 깨끗하게 청소할 수 있다.

최영후

청소 업체에 있을 때는 일을 직접 하기보다 지시를 내린 적이 더 많았는데, 지금은 모든 걸 내가 직접 해야 하니 그 점이 가끔은 버거울 때도 있다. 그렇지만 내게 주어진 일을 잘 해내는 게 무엇보다 중요하니 능력껏 해내는 것이다.

   칠순을 넘긴 나이에 할 수 있는 일은 손에 꼽는다. 그나마 나이를 불문하고 일할 수 있는 직종 중 하나가 요양보호사라고 들어 그 자격증을 취득하긴 했지만, 워낙 힘든 일이라서 지금은 도전할 마음이 생기지 않는다. 사실상 내 공부의 한계를 보기 위해 시도했던 자격증이나 다름없다. 남은 삶의 목표는 소박하다. 마음 맞는 사람과 함께 자전거를 타고 전국 일주를 해 보는 것이다. 나는 지금도 외출할 일이 있으면 자전거를 탄다. 자전거는 골목을 다니기에 편리하고 주차 걱정이 없다는 장점이 있다. 어떤 사람은 자전거로 해외 일주도 한다는데, 내게도 자전거와 함께 해외여행을 갈 기회가 있었으면 좋겠다는 소망이 있다.

윤점덕 尹点德 이야기

1953년 7월 8일, 나는 전라남도 해남군 황산면 부곡리에서 태어났습니다.

나는 장부님(남편)과 집에서 함께 살고 있습니다. 아픈 장부님을 간호하는 것이 저의 가장 중요한 일과입니다.

가족들에게 보내는 한마디
내가 힘들 때 힘이 되어 준 장부님, 나와 함께해 줘서 감사합니다. 또 우리 아들들과 딸, 며느리들, 사위, 항상 내게 힘이 되어 줘서 고맙다. 우리 자녀들 사랑한다. 그리고 장부님, 살아 줘서 고마워요.

내 인생의 키워드
사랑, 기쁨, 용서

유년 시절, 그리고 결혼

나는 여섯 남매의 맏이로 태어났다. 늦게 본 첫 자식이라 그랬는지 우리 아버님은 나를 참으로 귀하게 여기셨다. 하지만 우리 남매 모두를 학교에 보내기엔 집안 형편이 넉넉하지 못했다. 나는 동생들을 위해 학교에 가는 것을 포기해야 했다. 대신에 야학에 다니며 공부했다. 하지만 수업을 가르치던 선생님이 서울로 올라가시는 바람에 야학도 3개월 만에 그만둬야 했다.

어머님이 글은 꼭 배워야 한다며 언제든 보고 외울 수 있도록 한글을 써놓은 큰 종이를 벽에 붙여 놓으셨는데, 그 종이를 보문장이라고 불렀다. 그때 어머님이 아니었다면 나는 글을 떼지 못했을 것이다. 지금도 어머님께 감사하다.

열세 살 때 나는 돈을 벌기 위해 서울로 올라갔다. 집안 형편이 워낙 어려워 누구 하나라도 돈을 벌어야 했다. 하지만 서울에 도착하자마자 아버님이 보고 싶어서 도저히 견딜 수가 없었다. 결국 버티지 못하고 3일 만에 고향으로 돌아가기로 마음먹었다. 차비로 쓸 돈도 얼마 없었지만, 나는 무모하게 길을 나섰고, 온갖 고생 끝에 집으로 돌아왔다.

돌아와 보니 아버님도 내가 그리워서 병이 날 지경이었다. 열세 살밖에 안 된 아이를 품에서 떼어

윤점덕

약혼 사진

놓았으니 오죽했을까. 내가 "아버지."하고 부르자, 아버님은 "오매 내 딸 왔냐?"하시며 나를 부둥켜안았다. 얼마나 울었는지 모르겠다. 아버님은 내게 이제 다시는 어디 가지 말라고 말씀하셨다. 아버님의 말씀을 듣고 나니 가슴에 돌 하나가 얹힌 기분이 들었다.

    그리움이 너무 사무치면 병이 되는 것일까, 내가 돌아오고 얼마 안 지나서 아버님은 돌아가셨다. 나에게는 어디 가지 말라고 하더니 당신이 먼저 떠나셨다. 시간이 한참 흐른 지금도 아버님이 그립다.

    몇 년 후, 나는 일자리를 구하기 위해 광주로 향했다. 광주에서 큰 공장을 운영하는 사촌 이모가 공장에 취직시켜 준다고 했기 때문이다. 몇 달만 기다리라고 하더니, 반년이 되도록 이모는 나를 공장에 들이지 않았다. 나는 이미 동생들을 위해서 많은 것을 포기했다. 이대로 가다가는 내 인생이 없을 것 같아 장부가 될 청년을 만나 결혼했다. 우리 광주 계림동 성당에서는 교우들의 남편을 '장부'라고 부른다. 나도 장부라고 하도 많이 부르다 보니 그 말이 입에 익었다. 우리는 슬하에 아들 둘과 딸 하나를 두었다.

윤점덕

1980년, 5·18의 기억

비극의 전조는 17일부터 감돌았다. 그날, 금남로를 다녀온 동네 어르신들이 분통을 터뜨리며 욕하셨다. "6·25 때도 저렇게 독한 짓은 안 했어!" 어르신들은 군인들이 시내를 비롯해 사방에 깔렸다고 하셨다. 학생들을 학교에 보내지 말라는 가두방송이 들려왔다.

다음 날 나는 애들 셋을 데리고 당시 4수원지 밑 청풍동에 있던 큰집으로 향했다. 군인들이 무슨 짓을 할까 무서워서 애들이라도 안전한 곳에 맡기려고 했다. 그때 청풍동은 거의 산이나 다름없는 곳이었기 때문에 안전할 거라고 생각했다. 거기 아이들을 두고 나는 우리 집으로 돌아왔다. 다음 날, 이번엔 애들을 학교에 보내라는 가두방송이 흘러나와서 나는 아이들을 데리러 다시 청풍동 큰집으로 향했다.

"시내가 조용해서 애들 데리고 가는가." 큰형님의 물음에 나는 고개를 끄덕였다.

"예, 괜찮은 것 같아요. 학교에 보낼라고요."

정말 순진한 생각이었다. 군인들이 가만히 있을 리가 없는데 그때는 정말 괜찮은 줄 알았다. 이후에 알게 된 것이지만 그때 광주는 통신부터 바깥으로 향하는 육로까지 다 끊기고 완전히 고립된 상황이었다.

나는 세 아이와 함께 귀갓길에 올랐다. 4수원지를 지나

'배고픈 다리' 앞을 지나고 있었다. 그때 광주 사람들은 4수원지를 지난 뒤 있는 다리를 '배고픈다리'라고 불렀다. 그 뒤로는 잣고개가 이어졌다.

   그때 잣고개 쪽에서 4수원지 방향으로 향하는 까만 승용차가 나타나더니 우리 앞에 멈췄다. 운전석에 앉아 있던 사람이 창을 내리고는 어딜 가시냐고 물었다. 나는 학생들을 학교에 보내라는 가두방송이 나와서 아이들을 데리고 오는 길이라고 대답했다. 남자는 어이없다는 듯, 지금 군인들이 잣고개 올라오면서 사람들을 다 죽이고 있는데 무슨 학교냐고 말했다. 그러고는 나와 애들을 뒤로하고 출발했다.

   온몸에서 힘이 다 빠져나갔다. 며칠 전부터 시내에 깔려 있던 군인들이 떠올라서 손이 떨렸다. 저 말을 듣고 나니 함부로 내려갈 수가 없었다. 그렇다고 큰집으로 가자니 가는 길에 잡혀서 죽을 것 같았다. 도무지 방법이 떠오르지 않았다. 나는 두리번거렸다. 마침 주변 딸기밭에서 한 아저씨가 딸기를 따고 계셨다. 나는 그에게 우리 애들 좀 다리 아래로 숨겨 달라고 부탁했다. 아저씨는 내 부탁을 들어주었다.

   아무리 기다려도 군인들이 보이지 않아 다리 밑에서 나와 주변을 살폈다. 우리 동네 어르신 세 분이 잣고개 쪽에서 오고 계셨다. 나는 그분들을 붙잡고 물었다.

   "아니 지금 군인들이 잣고개까지 올라와서 사람들 다

죽인다고 하든디, 괜찮아요?"

어르신들은 누가 대체 그 소리를 했느냐고 물었다. 내가 자초지종을 말하자, 그분들이 대답하셨다.

"그놈 나쁜 놈이네. 지금 학생들이 버스 타고 다닌다요. 걱정 말고 가시오."

나는 기가 막혔다. 이게 무슨 상황이란 말인가. 어르신들은 집으로 돌아가시고, 나도 애들을 데리고 집으로 와서 상황을 확인했다. 아이들은 여전히 학교에 갈 수 없었다. 어르신들은 학생들이 버스를 타고 다닌다고 했는데, 무언가 착오가 있던 모양이었다. 나는 한동안 아이들과 집에서 머물러야 했다.

하지만 집에 가만히 앉아만 있을 수가 없었다. 시내와 도청에서 도대체 무슨 일이 일어나고 있는 건지 알 수가 없어서 답답했다. 결국, 나는 아이들에게 "느그는 절대 밖으로 나오지 마라."라고 신신당부하고선 도청으로 향했다. 도청으로 가는 길, 형제당 약국 건물 2층에서 보초를 서고 있던 군인들이 나를 불러세웠다. 그들은 내게 어디를 그렇게 가냐고 물었다. 등골이 서늘해졌다. 나는 집으로 가는 길이라고 둘러대고는 그 자리를 벗어났다.

가는 도중, 장례 행렬을 봤다. 사람들은 리어카에 망인을 모시고 금남로를 지나고 있었다. 머리를 한 대 맞은 듯 멍했다. 도청 앞은 아우성치는 시민들로 인산인해였다. 계속 이게 무슨 일이야, 하고 중얼거리며 상무관 쪽으로 갔다.

상무관은 길게 늘어선 관들로 가득 차 있었다. 관마다 태극기가 덮여 있었고, 유가족들의 울부짖는 소리가 울려 퍼졌다. 나는 차마 못 볼 광경을 목격하고 어지러워서 상무관을 나섰다.

관을 실은 팔 톤짜리 트럭이 도청으로 들어가고 있었다. 도청 안으로 들어가려는데, 시민 한 분이 나를 불러세웠다. "자식 찾는 분이 아니면 들어가지 마세요." 그때 나는 대학생 자식을 찾으러 왔다고 하기에는 젊었다. 그 주변을 서성거리고 있으니, 아짐 세 분이 고개를 절레절레 저으며, 혼비백산한 상태로 나오고 있는 게 시야에 들어왔다. 나는 재빨리 그분들에게 다가갔다.

"아들 찾으러 들어가신 거예요?"

"말도 마시오, 우리도 시골서 왔는디, 거기서 광주 시민들, 학생들 다 죽는다고 난리가 났시요. 우리도 아들들이 대학생들이어요. 그래서 이리 찾아왔어요."

"아들은 찾았어요?" 내가 물으니 그분들은 고개를 저었다.

"저 안에서 무슨 일들이 일어나고 있어요?"

"말도 마시오. 너무 겁이 나서 말도 못 하겄소. 저 안에 있는 망인들은 신원이 안 밝혀진 사람들이라, 관을 열어 놓고 있어서 눈으로는 볼 수가 없어요"

나는 집으로 돌아왔다. 돌아오니 장부가 안절부절못하며

나를 기다리고 있었다. 나를 발견하고서는 여자가 집에 가만있지 않고 이 난리 통에 어디를 다니느냐며 화냈다. 나는 장부에게 아니, 이 전쟁통에 가만히 앉아서 어떻게 남이 전하는 말만 믿냐고, 내가 가서 확인해야 하지 않겠느냐고, 되레 큰소리를 쳤다. 그래도 무서운 건 어쩔 수 없어서 혹시나 하는 마음에 창문을 담요로 가리고, 두꺼운 솜이불을 꺼내 덮었다. 밤이 되자 사방에서 총소리가 들려왔다. 나는 더 두려운 마음이 들어 이불 속에서 몸을 웅크렸다. 하지만 좀이 쑤셔서 도저히 견딜 수가 없었다. 나는 다시 도청으로 나가 보았다.

 MBC 건물을 지나서부터 시내는 전쟁터라는 단어 외에는 떠오르는 게 없을 정도로 폐허가 되어 있었다. 가게 문은 다 닫혀 있고, 도로는 최루탄으로 인해 엉망이었다. 사방에 건물 잔해가 굴러다녔고, 간혹 부서진 차들도 눈에 띄었다. 전쟁터라는 단어 외에는 생각이 나지 않을 정도였다. 우리나라 군인들이 온 걸로 이 정도라면, 다른 나라와의 전쟁은 절대 일어나면 안 되겠구나. 일상이고 뭐고 다 부서지겠구나. 라고 생각하면서도 내 걸음은 계속 금남로 쪽으로 이어졌다.

 시내에 나와 있던 사람들이 한쪽으로 몰려가기 시작했다. 전신 전화국 방향이었다. 사람들은 군인들도 이쪽으로 갔다고 말했다. 그런데 어떤 남자가 인파를 제지하며 확성기를 들고 말했다. "시민 여러분. 여기는 공공장소요. 안에 아무것도 없으니 여기는 훼손하지 말아요." 시민들 대부분이 그 말에 고개를 끄덕였다. 인파는 해산되었고, 나는 그 길로 바로 집으로 돌아왔다. 식구들과 밥을 먹고, 이부자리를 폈다. 어두운 천장을 바라보며 이제는 정말 나가지 말아야지, 나가지 말아야지, 그렇게 생각했다.

얼마나 그렇게 있었을까, 바깥에서 사람들 웅성거리는 소리가 들려왔다. 무슨 일이기에 이렇게 소란스러운가. 밖으로 나가 보니, 옥상에 사람들이 모여 있었다. 같은 집 입주민들이었다.

"왜 그러세요!" 나는 위쪽을 향해 소리쳤다.

"지금 MBC 문화방송국 건물이 불타고 있어요." 정신이 확 깨는 기분이었다. 나는 재빨리 옥상으로 올라갔다. 저 멀리서 활활 타오르는 불꽃과 솟아오르는 검은 연기가 선명하게 보였다. 나는 무력감에 발만 동동 굴렀다. 밤이라 섣불리 저쪽으로 갈 수도 없었다. 아무것도 할 수 있는 게 없었다.

방에 들어온 뒤 장부를 깨워 무슨 일이 있었는지를 설명했다. 장부는 이렇게 대답했다. "정말 언제 이 일이 끝날지 모르겠네. 자네도 이제 그만 나가게."

아침상을 차리고 식구들을 깨워 밥을 먹는데도 방송국 생각이 떠나질 않았다. 많이 타는 것 같던데, 다 무너지지는 않았을까. 나는 결국 장부에게 가서 오늘만 나가고, 다시는 안 나가겠다고 말했다.

　MBC 건물은 새카맣게 탄 채 폐허가 되었고, 그 주변으로 사람들이 모여 있었다. 암담한 기분이었다. 왜 우리가 이런 고통을 당하고 살아야 할까. 거기 모인 사람들은 하나같이 그렇게 말했다. 나는 바로 집으로 돌아갔다. 장부와 약속한 대로 그 뒤로는 집 밖으로 나가지 않았다.

　그로부터 며칠이 지난 새벽이었다. 젊은 여자의 목소리가 들려왔다. "광주 시민 여러분, 우리 형제자매들이 죽어 가고 있습니다. 도청으로 나와 주세요." 울음 섞인, 가늘게 떨리는 목소리였다. 소리가 차츰 까마득하게 멀어지고, 얼마 안 있어 콩 튀기듯 다다다 하는 소리가 들려왔다. 식구들 모두 숨을 죽였다. 그게 총소리라는 것을, 모두가 다 알고 있었다. 나는 이불을 덮고 흐르는 눈물을 훔쳤다. 같이 있어 주지 못하지만 함께하고 싶은 마음이었다. 아무 잘못도 하지 않은 사람들이 남도 아닌 우리나라 군인들 손에 죽어 가고 있었다. 저들의 부모님들은 얼마나 기가 막힐까. 말로 표현할 수가 없다.

　40년도 넘은 일이지만 글로 쓰니 당시의 광경이 영화 필름처럼 생생하게 떠오른다. 이 땅에 다시는 이런 비극이 일어나서는 안 된다. 우리가 지금 이렇게 평화롭게 사는 건 그때 광주 시민군들의 희생과, 살아남은 후에도 그 일로 고통받고 있는 분들의 덕분이라고 말하고 싶다. 그 10일간의 일들은 너무나 많다. 나는 내가 보고 겪은 일들만

썼다.

1984년, 작은아들의 입원

　작은아들은 초등학교 4학년 때 심장 수술을 받았다. 어느 날 갑자기 아들이 숨이 찬다고, 머리만 깎아도 숨이 찬다고 말했다. 나는 놀란 마음에 평소에 다니던 병원의 원장님을 찾아뵈었다. 원장님은 내게서 자초지종을 듣고 깜짝 놀라더니, 빨리 큰 병원으로 가라고 하셨다.
　다음 날 아들을 데리고 전남대학교병원으로 찾아갔다. 아직 어리니까 우선 소아과에서 검사를 받고 흉부외과에서 큰 검사를 받으라고 안내받았다. 그리고 진단 결과가 나왔다. 초음파검사에서 이상이 발견되었으며, 그 후 정밀검사 결과, 심장판막 수술을 받아야 한다고 했다.
　마른하늘에 날벼락을 맞은 듯했지만 내가 정신을 놓을 수는 없었다. 우선 아들을 입원시켰다. 아무리 고민해 봐도 수술을 받으려면 여기보다는 서울이 나을 것 같았다. 나는 아침 버스를 타고 서울의 성모병원을 찾아갔다. 그곳의 흉부외과 교수님은 내 말을 다 듣고는 고개를 저었다. 여기서는 정밀 검사만 받으려고 해도 육 개월이 걸리니, 병세가 나쁘지 않다면 거기서 치료받으시라고. 사실상

거절이었다.

　버스를 타고 내려오는 길, 두 눈에서 흐르는 눈물을 어찌할 수가 없었다. 너무 기가 막혔다. 별별 생각이 다 들었다. 하지만 힘을 내고 정신을 차려야 했다. 마음을 다잡고 다시 전남대학교병원 교수님과 수술 날짜를 잡았다. 수술 날짜까지 매일 전남대학교병원과 지산동 성당에 오가며 미사를 드렸다. 마지막으로 주님께 매달리는 심정이었다.

　마침내 수술 날이 다가왔다. 아들은 아침 일찍 수술실로 들어갔다. 나는 도저히 수술실 앞을 떠날 수가 없었다. 수술실 앞에 서서 아들이 나올 때까지 기도를 드렸다.

　수술이 끝나고, 가장 먼저 교수님이 나오셨다. 교수님은 나를 보더니 "아직도 여기 계셨어요?"하고 물으셨다. 교수님이 내 등을 토닥이며 말씀하셨다.

　"걱정 마세요, 수술 잘됐어요. 이제 마음 놓고 쉬세요."

　나는 교수님께 감사 인사를 하고 아들이 나올 때까지 기다렸다. 조금 있으니 아들이 수술실에서 나왔다. 그제야 마음이 놓여서 안도의 한숨을 쉬었다. 기쁨을 말로 표현할 수가 없었다. 나는 주님께서 아들의 생명을 다시 주셨다고 여기기로 했다.

　아들의 회복은 순조로웠다. 다행히 빨리 발견한 터라 병이 많이 진행되지 않았다고 했다. 아들은 일 년 동안 꾸준히 약을 먹었다. 그 덕분인가, 아들의 심장은 지금까지

윤점덕

가족사진

튼튼하고 건강하게 뛰고 있다. 현재 아들은 고등학교에서 한문 선생님으로 일하고 있다. 그리고 올해, 결혼했다.

2002년 6월 15일, 장부의 교통사고

그 이후 18년 뒤인 2002년 6월 15일 새벽에 나는 전화 한 통을 받았다. 전남대학교병원 응급실에서 온 전화였다. 전화기 너머의 목소리는 우리 집 장부의 이름을 대면서 확인차 전화했다며, 아시는 분이냐고 물었다. 내가 우리 남편이라고 대답하자 교통사고가 났으니 빨리 병원으로 오라고 말했다.

정신이 없었다. 나는 택시를 타고 가면서 또 주님께 매달렸다. 주님 부디 우리 장부 목숨만은 살려 주세요. 병원에 도착해서 장부를 보는 순간 말문이 막혔다. 의식도 없이 인공호흡기로만 숨을 쉬고 있었다. 너무 기가 막혀서 넋을 놓고 서 있는데, 의사 선생님이 어떻게 할 방법이 없다고 말씀하셨다. 신경이 마비되었고 뇌가 너무 많이 부어 있다고 하셨다. 붓기가 제대로 가라앉으면 다행이지만, 터질 수도 있었다. 기다리는 것밖에는 방법이 없는데, 현재 상태를 봐서는 의식이 돌아올 확률이 1퍼센트도 안 됐다. 길어야 3개월 정도 혼수상태에서 더 살 수 있을 거라고 하셨다. 여기서는 할 수 있는 게 없으니 다른 병원으로 가라는 말도 덧붙였다. 나는 너무 슬프고 기가 막혔다. 그러나 울고만 있을 수가 없었다. 장부가 병자 성사를 받아야 한다는 생각이 들었다. 나는 친구에게 전화를 걸어, 신부님을 모시고 와 달라고 부탁했다.

조금 있으니 친구가 신부님과 수녀님을 모시고 병원에 도착했다. 그분들도 장부를 보고 할 말을 잃었다.

"자매님 병자 성사를 드리겠습니다." 신부님이 말씀하셨고, 나는 그러시라고 했다. 신부님은 병자 성사를 주신 뒤, 나가셨다. 성당으로 돌아가신 줄 알았는데, 신부님이 다시 병실로 들어오셨다.

"자매님, 묵주기도를 바치고 가겠습니다."

나는 고개를 끄덕인 뒤 장부 귀 쪽으로 몸을 가까이 숙였다. 신부님이 묵주기도를 바칠 동안, 나는 내가 아는 모든 기도를 장부 귀에 다 읊어드렸다.

그 사이 신부님은 기도를 마치셨다. "자매님……." 신부님은 차마 말을 못 잇고 돌아가셨다.

신부님이 가신 뒤 나는 망연해졌다. 왜 나한테 이런 일이 일어났을까. 아무런 생각도 나지 않았다. 그런 내게 의사 선생님이 와서 병원을 옮기셔야 한다고 말했다.

나는 어디로 가야 하느냐고 물으며, 병원 알선을 부탁했다. 아무 병원이나 갈 수 없는 상황이었다. 의사 선생님은 진월동에 있는 광주씨티병원을 추천해 주셨다. 작년에 설립된 병원인데, 전남대학교병원 의사 선생님들이 나가서 차린 병원이라고 하셨다. 연락을 해 봤더니 거기 자리가 있다고 해서 바로 구급차를 불러 그곳으로 향했다.

광주씨티병원의 원장님도 장부를 보고는 전남대병원 선생님과 똑같이 말씀하셨다. 뇌 상태가 좋지 않고, 폐 역시 가래에 덮인 상태여서 환자가 얼마나 버텨 줄지 모르겠다고. 하지만 나는 장부를 포기할 수 없었다. 기적이 일어나서 의식을 되찾고 멀쩡히 나을지도 모르는 일 아닌가. 일단 장부가 깨어날지도 모른다는 희망을 믿어 보기로 했다. 우리의 병원 생활은 그렇게 시작되었다.

입원한 지 사흘째, 장부의 의식이 돌아왔다. 얼마 지나지 않아 장부는 말도 하고, 밥도 먹을 수 있는 상태가 되었다. 병원에서는 기적이라 했다. 우리는 사고가 나고 9개월 만에 집으로 돌아올 수 있었다.

2003. 3. 3. 집으로 퇴원

병원에서 지냈던 그 아홉 달 동안의 일들을 다 여기에 적을 수는 없다. 그 시간 동안 장부가 하느님 곁으로 갈 뻔했던 상황이 얼마나 많았는지 몰랐다. 긴장과 안심이 교차하는 순간들의 연속이었다. 표현할 수 있는 적당한 말들이 생각나지 않는다. 단언할 수 있는 것은, 잔병치레 한 번 한 적 없는 건강한 사람들, 병원에서 중환자인 가족들을

윤점덕

ⓒ 윤석호

보살핀 경험이 없는 사람들은 상상도 못 할 일이라는 것이다.

집으로 돌아올 때도 우여곡절이 많았다. 장부가 입원한 지 6개월쯤 되었을 때, 당시 광주씨티병원 원장이자 장부의 주치의였던 장주호 선생님이 병원을 옮길 것을 권유하셨다. 옮길 병원도 추천받았다. 여수에 있던 산재병원이었다. 하지만 그곳으로 가면 내가 제대로 간병을 할 수가 없었다.

나는 그렇다면 가정용 인공호흡기를 구입해 집에서 장부를 돌보겠다고 했다. 선생님은 난처해하셨다. 병원에서는 웬만해서 중환자를 집으로 잘 돌려보내지 않는다. 중환자, 특히 사고를 당한 중환자는 2차 감염이나 중태에 빠질 가능성이 다른 환자들보다 훨씬 높기 때문이다.

하지만 내가 계속 떼를 쓰자, 원장님은 퇴원을 허락하셨다. 다만 조건을 다셨는데, 그 기계를 여기에서 석 달 정도 사용해 보면서 잘 작동하는지 지켜본 다음에 퇴원을 결정하자는 것이었다. 환자를 어떻게 돌봐야 하는지도 알려 주셨다. 지금 돌아보니 그때 장 원장님이 참 우리 부부의 편의를 많이 봐주셨다는 게 느껴진다. 나를 볼 때마다 웬만한 젊은 의사보다 낫다는 격려를 아끼지 않으셨다. 장주호 원장님께 감사하다는 인사를 전하고 싶다.

지금은 집에 있는 것이 확실히 병원에 있는 것보다 몸도 마음도 편하지만, 처음부터 그랬던 것은 아니었다. 처음에는 장부가 죽을지도 모른다는 걱정과 불안에 한시도 눈을 떼지 못했다. 장부는 온종일 인공호흡기에 의지해야 하는데, 인공호흡기가 잘못되면 당장 숨이 멈춰 버릴 수도 있었다. 남편이자 아이들의 아버지인 사람의 생명이 내 손에 달려 있다는 사실이 나에게 무거운 책임감으로 다가왔고 더 절박하게 간호에 매달릴 수밖에 없었다.

요새는 아픈 사람을 사람으로 대하지 않는 것 같다. 환자를 병원에 떠맡겨 놓고 무관심한 보호자들도 여러 번 보았다. 환자들 역시 우리처럼 보고 듣고 느낄 수 있는 존재들인데 말이다. 아픈 사람도 사람이다. 주님이 내려 주신 소중한 생명이니 소중하게 돌봐야 한다. 나쁜 말이나 행동도 해서는 안 된다. 환자들이 전부 보고 들을 테니까.

운전면허, 검정고시 통과

사고 이후, 장부를 돌보는 일은 내 일상의 대부분을 차지하게 되었다. 시간이 지날수록 병간호에도 익숙해졌다. 그러자 집에만 있기보다 다른 일도 해 보고 싶다는 생각이 들었다. 호기심 많고 가만히 있지 못하는 성격은 어디로 가지 않나 보다. 나는 운전면허를 따기로 했다.

그때는 시험장이 나주에 하나밖에 없어서 필기시험을 보기 위해 나주까지 가야 했다. 그리고 떨어졌다. 속이 상했지만, 곧바로 오기가 불타올랐다. 내가 이것도 못 딸까. 바로 다음 시험 접수를 하고 집으로 왔다.

"그걸 못 땄어요?" 아들들이 말했다. 나는 기분이 확 상해서 큰소리쳤다.

"야, 그 어려운 걸 어떻게 한 번에 딴다야. 내가 다음번엔 딴다."

그러나 두 번째 시험 결과 역시 낙방이었다. 그때는 정말로 속상했다. 이 어려운 걸 한두 번 만에 따는 사람이 신기했다. 나처럼 면허를 따러 온 아주머니들도 나와 비슷한 처지였는지 정말 어렵다고 말했다.

나는 같이 시험을 본 아주머니 중 한 분과 이야기를 나눴다. 그분은 신안에서 오셨는데, 오늘로 열두 번째 시험을 치렀다고 하셨다. 그분은 나를 보며 툭 말했다.

"댁은 젊응께 후딱 하겠구만." 그때 내 나이가 삼십 대 후반이었고, 그 아주머니의 나이가 딱 지금의 내 나이였다. 아줌마의 이야기를 들으니 두 번의 낙방은 아무것도 아니라는 걸 깨달았다. 바로 다음 시험 접수를 하고 세 번째 시험에서 합격했다. 집에 와서 합격했다고 자랑하니 아들들이 축하해 줬다.

나는 마음먹으면 못할 것은 없다는 걸 알게 되었다.

내가 운전할 수 있는 것은 자동차뿐만이 아니다. 나는 오토바이도 운전할 줄 안다. 실제로 면허를 따고 한동안 오토바이를 타고 다녔다.

시간이 흘렀다. 하루하루 일하며 보내는 세월이 아까웠고, 뭐라도 도전해야겠다는 생각이 들어서 이번에는 검정고시를 치기로 했다. 매주 월요일부터 금요일까지 금남로의 청운학원에 다니며 공부했다. 오랜만에 공부를 다시 하려니 생각했던 것보다 더 어려웠다. 나는 맞춤법을 자주 틀렸고, 글씨도 잘 쓰지 못했다. 어렸을 때부터 줄곧 그래왔던 거라 고쳐지지 않았다.

'공부에는 남녀노소가 없다.'

나는 그렇게 생각하며 마음을 편하게 먹었다. 하지만 내가 할 수 있는 한 힘껏 공부했다. 그리고 2010년 5월, 초졸 검정고시에 합격했다.

중학교, 고등학교 검정고시도 다시 학원을 끊어서 준비하기 시작했다. 중고등 검정고시는 일 년에 두 번씩밖에 안 해서, 가능하면 연달아 합격하는 게 좋다고 했다. 중·고등학교 검정고시는 초등학교보다 훨씬 더 어려웠다. 매일 학교 다니는 것처럼 공부해야 했다. 중고등학교의 교과 내용은 초등학교와는 차원이 달랐다. 국어도 어려웠지만, 수학이나 영어는 비교가 안 될 정도로 어려웠다. 하지만 학원 분위기가 좋아서 즐겁게 공부할 수 있었다. 학원이 끝나면 같은 반 친구들과 밥도 먹고 차도

제주도 한라산에서

마시며 수다를 떨었다. 그렇게 몇 개월의 고생 끝에, 나는 2011년에는 중졸 검정고시에, 2012년에는 고졸 검정고시에 합격했다. 힘든 과정이었지만 친구들과 함께 공부해서인지 재미있는 과정으로 남아 있다.

갈 수 없었던 이유, 병원에서 다시 3개월을

합격의 기쁨도 잠시, 나는 또 한 번 슬픈 일을 겪게 되었다. 2012년 6월 12일, 폐암으로 고생하던 친정어머님이 별세하셨다. 가슴이 미어지게 아팠다. 아프실 때 몇 번 못 찾아갔던 것이 가슴에 맺혔다.

나는 당장이라도 어머니가 계신 부산으로 달려가고 싶었지만, 장부를 보살필 사람이 필요해서 다 함께 갈 수가 없었다. 나는 아들들만 먼저 보내기로 했다. 아들들이 밤에 돌아오면 장부를 맡기고 그다음 날 첫차로 갈 생각이었다. 부산이면 광주와 꽤 거리가 멀다. 오후, 아들들이 그렇게 부산으로 향하고, 나는 집에 장부와 단둘이 남았다. 저녁밥을 차려 먹은 뒤 장부에게도 밥을 먹였다. 어머니가 돌아가셨어도 내게는 해야 할 일들이 남아 있었다.

그런데 오후 열 시 무렵 장부가 잘 준비하던 나를 부르더니 밥을 달라고 했다. 나는 아까 저녁밥을 먹었으니 배가 고프면 조금 자고 일어나서 간식을 먹자고 말했다.

장부는 아무 대답도 하지 않았다. 나는 너무 피곤해서 불을 끄고 바로 잠자리에 들었다. 시간이 얼마나 흘렀을까. 눈이 저절로 떠졌다. 나는 장부를 불렀다.

"민장이 아빠." 불러도 아무런 반응이 없었다.

나는 서둘러 전등 스위치를 올렸다. 장부는 입이 자꾸만 돌아가 말을 할 수가 없는 상태였다. 나는 겁에 질렸다. "민장이 아빠, 왜 그래. 말해 봐." 장부는 아무런 대답도 하지 못하더니 곧 의식을 잃었다. 나는 바로 광주씨티병원 응급실로 전화를 걸어 장부가 이상하다고 말했다. 빨리 모시고 오라는 말을 듣고 전화를 끊었다. 아이들에게 연락을 돌리고, 119를 불렀다. 그동안 단련이 되었기 때문일까, 나는 이 모든 일을 아주 빠르게 처리했다.

응급실에 도착해 기다리고 계시던 원장님께 어떻게 된 일인지를 설명했고, 원장님은 어서 CT를 찍자고 하셨다. 촬영은 그리 오래 걸리지 않았다. 원장님은 CT 결과를 보고는 수술해야 한다고 말씀하셨다. 그리고 수술은 가능하지만, 위험이 많다고 하셨다. 긴 수술이라 수술 도중 피가 부족해질 수 있고, 혈압이 떨어져서 안 올라올 수도 있고, 수술을 무사히 마쳐도 의식이 돌아오지 않을 수 있다고 했다. 빨리 결정하셔야 한다고 말씀하셨다. 바로 그때, 아이들이 도착했다.

아이들은 반대했다. "아빠가 수술실에서 못 나오시면 어떡해. 안 하는 게 나을지도 몰라요."

윤점덕

ⓒ 윤석호

하지만 나는 장부를 포기할 수 없었다. 지금 여기 있느라고 나는 어머니의 임종도, 가시는 길도 봐 드리지 못했다. 그리고 장부를 위해 내가 바친 세월이 몇 년이던가.

"할 수 있는 길이 있는데 어떻게 포기해. 나는 10년 세월이 아까워서라도 느그 아빠 이대로 보낼 수는 없다."

아이들은 엄마 원하는 대로 하라고 했다. 나는 원장님께 "내가 하느님과 선생님만 믿고 수술할게요. 해 주세요."라고 말했다.

수술이 진행되는 동안, 나는 수술실 밖에 앉아 기다렸다. 작은아들이 심장 수술을 했을 때처럼 주님께 기도했다. 성모님께도 함께 빌어달라며 묵주기도를 바쳤다. 거기에 앉아서 기다리는 시간이 마치 10년처럼 길게 느껴졌.

수술실 문이 열리고, 원장님이 나오셨다. 원장님도 나를 보고는 깜짝 놀라셨다. 수술이 어떻게 되었냐고 묻는 내게 원장님이 말하셨다.

"이 시간까지 여기 계셨어요? 걱정하지 마세요. 수술은 잘됐어요."

조금 더 기다리자 장부가 침대에 실린 채 수술실에서 나왔다. 그제야 꾹꾹 억눌려 있던 눈물이 쏟아지기 시작했다.

"민장이 아빠, 참고 견뎌줘서 고마워요." 장부는 마취 상태라 듣지 못 할 말이었다. 하지만 나는 계속 말했다.

다행히 장부는 수술을 받고 얼마 지나지 않아 의식을 찾았다. 장부와 나는 중환자실에서 생활했다. 그곳의 중환자실은 보호자와 함께 생활할 수 있는 곳이었다. 우리의 병원 생활이 다시 시작되었다. 얼마 안 있어 장부는 마취에서 깨어났다. 우리 장부의 삶은 인간 승리의 역사 그 자체다. 다른 사람이었다면 절대로 버텨 내지 못했을 일들을 겪고도 지금까지 살아 있다. 다른 사람들은 어떻게 생각할지 모르겠지만, 나는 우리 장부가 지금까지 이렇게 살아 준 것만으로도 감사하다.

병원에서 3개월을 보내고 우리는 집에 돌아올 수 있었다. 지금도 장부의 병마와 싸우며 힘든 시기를 보내고 있다. 중환자실에서만 앞서 입원했던 것까지 다 합쳐 12개월을 보냈다.

지금까지 살아오면서 내가 분명하게 느낀 것은, 사람 일은 어떻게 될지 모른다는 것이다. 오늘 평탄했어도 내일 어떻게 될지 모르는 게 인생이다. 우리 아들의 심장 수술과 장부의 교통사고가 갑작스럽게 일상을 습격했듯이 말이다.

우리는 언제 죽을지 모른다. 그러므로 하루하루 열심히, 최선을 다해서 살되, 너무 아등바등 살지는 말아야 한다. 매 순간을 행복하게 생각하고 감사하면서 살아야 한다. 그래야 후회가 남지 않는다. 그래서 나는 오늘도 주님께 감사하며 산다. 장부를 살려 주셔서 감사하다고, 그리고 앞으로 우리 장부를 돌볼 수 있도록 내게 건강을 달라고 기도드린다.

백정순 白貞淳 이야기

저는 전라남도 고흥군 도화면에서
1952년 5월 15일에 태어났습니다.

저는 복지관에서 노인 일자리 일을
하고 있습니다. 사찰에서 종교 생활을
하면서 봉사도 많이 하기에 스님들께
사랑받고 있습니다. 죽는 날까지
열심히 살아 보겠습니다.

가족에게 보내는 한마디
내가 키운 자식과 조카 총 6남매 중 조카 한 명은 연락이 되지 않아 5남매지만, 지금처럼만 계속 잘 지낼 수 있으면 좋겠구나.

내 인생의 키워드
건강, 사랑, 존경

나의 어린 시절

나는 1952년 5월 15일 전라남도 고흥군 도화면에서 2남 7녀 중 넷째 딸로 태어났다. 내가 태어난 해엔 전국적으로 보리 흉년이 들었는데 우리 가족도 굶주림을 피하지 못했다. 나에게는 언니 둘과 바로 위 오빠 한 명이 있었지만 언니 한 명과 오빠가 어릴 때 세상을 떴다. 할머니는 내가 빨리 태어나는 바람에 오빠가 젖을 제대로 먹지 못해 죽었다며 나를 미워하셨다. 심지어 이후 여동생 셋이 연달아 태어나서 나는 더욱 천덕꾸러기 신세가 됐다. 집에 딸이 태어날 때마다 아버지는 부엌에서, 어머니는 방에서 우셨다. 그때마다 언니와 나는 이유도 모르면서 따라 울곤 했다. 그러다 드디어 여덟째에 아들이 태어났고, 이후 막내 여동생도 태어났다. 어머니는 총 9남매를 낳으셨지만 일찍이 떠난 언니와 오빠를 포함해 여동생 둘도 눈을 감아 결국 우리는 5남매가 되었다.

남은 5남매 중 넷째인 아들이 태어나던 날, 아버지께서는 큰집으로 달려가서 "형수, 우리도 아들 낳았어요!" 하고 큰 소리로 외치셨다. 그 소식을 들은 큰집 식구들이 산모인 엄마의 밥을 해 주러 오셨다. 새벽 4시 30분이었는데 온 동네에 경사가 났다. 얼마나 기다리고 기다리던 아들이었는지, 나는 소란한 어른들을 바라보며 그렇게 좋으실까 싶었다. 우리 가족은 동생을 3대 독자에 귀한

백정순

ⓒ 홍민석

아들이라며 아주 금이야 옥이야 키웠다. 그 애가 갓난아기 시절에는 젖을 제대로 먹질 않아 점쟁이를 찾아가 굿도 하고 별짓을 다 했는데 영 먹질 못했다. 그래서 우리 가족은 별의별 것을 동생 입에 넣어 줘 가면서 정말 어렵게 키워 냈다. 귀한 자식이라 천한 이름을 지어 불러야 한다며 개똥이라는 별명으로 부르기까지 했다. 그렇다고 아버지께서 딸들을 마냥 소홀히 대하지는 않으셨다. 남의 집에 시집가면 생일 축하 한 번 못 받는다면서 딸들 생일만큼은 꼭 챙겨 주셨다. 그래서 나도 생일에는 쌀밥에 미역국을 먹을 수 있었다.

초등학교 입학

나는 열 살이 되어서야 초등학교에 입학했다. 학교가 멀리 있어서 1시간을 걸어 다녔는데 등굣길 중간에 큰 냇가가 있었다. 지금은 다리가 있지만 그때는 다리가 없어서, 비가 많이 오면 학교에 갈 수 없었다. 게다가 나는 동생도 돌봐야 하고 농번기에는 일손도 거들어야 해서 등교하지 못하는 날이 많았다. 그 시절에는 나만 그런 게 아니라 다른 친구들도 마찬가지였다. 대부분 학교를 늦게 입학했고 개중에도 꼬박꼬박 등교하는 아이는 절반뿐, 나머지는 결석했던 것으로 기억한다. 배고픈 세상, 일 많은 세상에 태어나서 우리는 고생을 많이 했다.

그래도 학교를 다니면서 좋았던 기억도 있다. 초등학교 5학년 여름, 담임 선생님께서 반장, 부반장, 미화부장 간부들을 발포해수욕장에 데려가 주셨다. 나도 간부 중 한 명이었는데, 그곳에서 얼마나 재밌게 놀고 왔는지 모른다. 그 추억이 엊그제 같은데 벌써 57년이란 세월이 지났다. 그때 담임 선생님이었던 김선태 선생님께서는 고인이 되셨겠지만, 여전히 존경하고 사랑한다.

고향을 떠나 결혼하다

초등학교를 졸업하고 16살이 된 해 6월, 나는 돈을 벌기 위해 고향과 부모님 곁을 떠났다. 내 첫 근무지는 광주 북구 문화동에서 포도 농원을 하시던 사촌 고모님 댁이었다. 지금은 아파트 단지가 들어선 곳이지만, 1960~1970년대에는 문화동이 포도밭 단지였다. 나는 그때부터 일자리를 많이 옮겨 다녔다. 문화동 사촌 고모님 댁에서 가정부 일을 하다가 고종사촌 언니 댁이 있는 대구로 갔고, 대구에서 몇 개월 지내다 부산에서도 짧게 머물렀다. 그러다 고흥읍에서 크게 사업을 하는 고모님 댁으로 들어가면서 고향에 돌아오게 됐다.

그때는 벽돌이 귀한 시절이라 소나무 껍질로 공장

울타리를 만들었다. 그러다 1974년 7월 24일, 태풍으로 인해 울타리가 넘어졌고, 그 옆에 있던 나는 얼굴을 다치고 말았다. 당시엔 의학이 지금처럼 발달하지 않아 성형수술은 할 생각도 못 했다. 그때 생긴 흉터가 아직도 내 얼굴에 남아 있다.

그러던 어느 날, 중매가 들어와 선을 봤다. 나는 바로 결혼하기로 결심했다. 만약 내가 공장에서 일했다면 다른 사람들에게 결혼이 어떤 것인지 들을 수 있었을 텐데, 나는 친척 집만 돌아다니며 가정부로 일하다 보니 결혼에 대해 아는 것도 없고, 고민을 나눌 친구도 없었다. 단 한 가지, 남편 될 사람이 형제가 많다는 말만 듣고 결혼을 마음먹었다. 형제가 많으면 다복하겠지 싶었다. 총 6남매인 그에게는 남동생 네 명, 누이 한 명이 있었는데 누이는 이미 결혼해서 한 집에서 살고 있지 않았다. 중매인은 신랑이 나보다 나이가 많으니 아내를 많이 사랑해 주고 귀여워해 줄 거라고 했다. 나도 그쪽에서 알아서 나를 데려가겠지 싶었다.

그런데 아버지께서는 반대하셨다. 남편에게 형제가 많으면 내가 고생한다는 것이었다. 나는 그래도 좋다고 했다. 형제가 많은 집으로 가고 싶었던 이유는 사실 아버지 때문이었다. 아버지에게는 형제가 고모 한 분뿐이셨다. 그래서 할아버지가 돌아가시자 아버지는 상거를 메고 혼자 쓸쓸히 걸어가셔야 했다. 옛날엔 장례를 치르면 삼베옷을 입은 가족들이 상주의 뒤를 따라가야 했는데, 그럴 형제들이 없던 탓이었다. 그날의 처량한 뒷모습이 내 어린 시절의 가슴 아픈 기억으로 남아 있다. 그 때문인지 나뿐만 아니라 우리 남매는 모두 결혼해서 자녀를 많이 낳았다. 지금은 상거도 없이 차로 모셔서 화장해 버리니 과거와 상황이 다르지만, 가족 행사가 있을 때 여럿이 의논할 수 있고, 혼자인 것보다 외롭지도 않을 테니 형제는 많아서 나쁜 점보다 좋은 점이 더 많을 것 같았다.

  나는 1월 4일에 중매가 들어온 직후 6일에 약혼하고 19일에 결혼식을 올렸다. 그야말로 번갯불에 콩 볶아먹듯 진행된 결혼이었다. 그런데 결혼하면 행복하게 살 줄 알았는데 아니었다. 시댁은 몹시 가난했다. 나는 그동안 큰 사업을 하시는 고모 집에서 일하며 잘 먹고 잘 살았는데 시집을 가니 1년에 한 번 모내기 때만 돼지고기를 먹을 수 있었다. 점심은 고구마죽이 전부였다. 껍질 벗긴 삶은 고구마를 양푼에 담고 우물에서 길어온 물과 사카린을 넣어 국자로 으깨 만든 죽이었다. 그 고구마죽을 처음 먹을 때 어찌나 눈물이 나던지. 이런 것으로 끼니를 때워야 하는 현실이 서글펐다.

시집살이의 시작

　남편은 내가 그동안 좋은 집에서 좋은 음식만 먹고 살았으니 이런 집에서 못 살 거라며, 결혼하고 한 달도 채 지나지 않아 집에서 나가라고 했다. 잘 사는 고모 집에 비해 우리 집은 돼지우리 같을 테니 어차피 못 버틸 거랬다. 그렇게 저녁마다 집에서 나가라고 하면 나는 시어머님 방으로 가 어머님과 함께 잠을 자곤 했다. 그런데 남편과 자주 불화가 생기자 시어머님과 시동생들 모두 나를 미워하기 시작했다. 남편은 결혼 전엔 착했다고 했다. 동네에서 효부상도 타서 벽에는 상장과 상품, 효부상 기념품으로 받은 거울도 걸려 있었다. 그렇게 착하던 사람이 변한 게 내 탓이라고 생각했는지, 친절했던 시동생들은 시집살이를 시키며 나를 구박했다. 그래도 시어머님께서는 남편이 가정 형편이 어려워 군대를 늦게 갔는데, 군대에서 어린 동기들과 지내는 것이 힘들어 성격이 변했을지도 모른다며 나를 위로해 주시기도 했다.
　그러다 나와 남편 사이에 첫아이가 태어났다. 첫아이는 딸이었다. 시어머님께서는 아이를 보고 "딸이다."라고 하신 것이 전부였다. 그 시어머님의 말이 내 가슴을 찌릿하게 했다. 내가 친정 엄마를 닮아 딸만 많이 낳으면 어떡하나 싶었다. 나는 첫국(아이를 낳고 처음 먹는 밥)도 먹지 못했다. 아기 옷과 기저귀는 시어머님이 만들어 주셨는데 옛날 예비군복 바지로 만든 것이었다. 작은집 시누이가 그걸 보고는 웃으며 기저귀가 왜 이러느냐며, 아기 담요도 없이 애를 키운다고 야단이었다. 결국 셋째 시동생이 옷, 기저귀, 담요를 사다 줬다.

  시동생들은 나로 모자라서 갓 태어난 조카까지 미워했다. 갓난아이를 마당에 던져 버리지 않나, 작은집 시누이들이 아기를 돌봐 주면 나를 도와주지 말라고 시누이를 때리지 않나. 내가 아궁이에 불을 때고 있으면 바가지에 물을 떠 와서 불을 꺼 버리는 등, 말로 다 표현할 수 없는 행동들을 했다. 남편이 집에 없으면 온갖 행패를 부렸다.

백정순

시집살이를 피해 서울로

  나는 참다못해서 7개월 된 갓난아이를 두고 집을 나왔다. 가혹한 환경에 돌도 지나지 않은 어린애만 남겨 두는 게 죽을죄를 저지르는 기분이었지만, 그만큼 시집살이를 견딜 수 없었다. 나는 서러움, 고통, 아픔을 참지 못해 자식을 버린 나쁜 엄마가 되어 버렸다. 무작정 집을 나온 뒤엔 서울로 향했다. 다행히 붓을 만드신다는 인품 좋은 사장님을 열차에서 만나 일자리를 얻을 수 있었다. 나는 그분 덕에 종로에 있는 성문당 필방이라는 곳에서 돼지

털로 붓 만드는 일을 시작했다. 그곳이 지금도 남아 있는지 궁금하다.

　서울에서 지내는 동안 집에 남겨 두고 온 아이가 자주 눈앞에 아른거렸다. 붓을 만들면서도 아이만 생각하면 견딜 수 없이 슬퍼졌다. 젖먹이를 두고 온 탓에 나는 젖이 불어 고생도 많이 했다. 주인 사모님께서 단유에 좋다는 엿기름물을 만들어 주셔서 그걸 마시며 견뎠다. 그러나 젖이 말라도 아이를 보고 싶은 마음은 마르질 않아, 결국 시댁으로 돌아갔다. 그렇게 보고 싶은 아이를 다시 만났는데 정작 딸은 엄마 얼굴을 알아보지 못해 내게 가까이 오지도 않았다. 그게 정말 마음 아팠다. 동시에 시집살이가 다시 시작되었다. 불행히도 셋째 시동생이 사고로 일찍 죽는 바람에 그의 자녀 두 명과 시어머님을 나와 남편이 먹여 살려야 했다. 나는 나의 운명이 이것뿐이구나, 체념하고 모든 고통을 참고 살아가기로 마음먹었으나 1988년 12월에 남편마저 세상을 떠나고 말았다.

남편과의 이별

　갑작스러운 사고는 아니었다. 남편의 죽음은 간경변증이 원인이었다. 1983년 남편이 광주 기독병원에 입원하면서 투병생활이 본격적으로 시작되었다. 당시 우리 가족은 고흥에서 살고 있었기 때문에 남편을 간병하러 광주까지 가기엔 힘이 부쳤다. 간병인 개념이 없던 시절이라 가족이 남편을 돌봐야 했는데, 나는 돈을 벌어야 했고 시어머님도 일하면서 아이들을 돌보느라 남편은 병원에서 혼자 지낼 수밖에 없었다. 남편이 병실 바깥 복도에서 사람이 지나가는 소리만 들려도 가족들이 왔나 싶어 바깥을 내다본다는 얘기를 들었을 땐 정말 가슴이 아팠다. 당시 기독병원 앞에는 바나나를 파는 트럭이 있었다. 남편은 입원해 있을 때 그 바나나를 몹시 먹고 싶어 했다. 그런데 그때는 바나나가 너무 비싸서 한 번도 사다 주지 못했다. 지금도 그 생각을 하면 미안한 마음에 눈물이 맺힌다.

1983년부터 1988년까지 남편은 몇 번의 입원과 퇴원을 반복했다. 그러던 어느 날, 내가 퇴근하고 집에 돌아와 보니 큰 고무 통에 물이 가득 채워져 있었다. 아이들에게 물어보니 아버지가 공동 우물에서 물을 길어 두라고 시켰다는 것이다. 갑자기 왜 이런 일을 시켰을까 의아하게 생각했는데, 바로 다음 날 남편이 세상을 떠났다. 남편이 세상을 떠난 1988년은 유난히 가뭄이 심한 해였다. 그가 미리 물을 떠다 두라고 말하지 않았다면 장례식에 쓸 물이 부족했을 것이다. 남편은 자신의 죽음을 미리 직감했던 모양이다. 시어머님께는 생고기를 먹고 싶다고 얘기해서 남편은 죽기 전날 육회를 먹었다. 기독병원에 입원해 있을

백정순

남편과 함께

때 바나나를 사 주지 못한 것은 여전히 마음에 남아 있지만, 죽기 전에는 먹고 싶었던 음식을 먹었다는 사실이 위안이 됐다.

　나는 그렇게 일곱 식구의 가장이 되었다. 남편은 시어머님과 슬하의 네 자식, 조카 남매까지 총 일곱 식구를 나에게 맡긴 채 말 한마디 없이 빚만 남기고 떠나 버렸다. 남편의 기독병원 입원 치료비 3백만 원을 한 번에 납부할 돈이 없어, 나는 3년간 융자식으로 그 돈을 갚으며 살아야 했다. 남편은 세상을 떠났는데 매월 병원비만 갚으며 살아가는 마음을 누가 이해할 수 있을까.

　나는 시어머님과 온갖 고생을 하며 아이들을 키웠다. 생각해 보면 우리 시어머님만큼 고생을 많이 하신 분도 없을 것 같다. 남편이 살아 있을 때도 나는 쉴 틈 없이 일했다. 그때 나는 9년 동안 고흥의 녹동어린이집에서 아이들 점심과 간식을 준비하는 일을 했다. 아침 일곱 시에 출근해 원아 180명과 교사 9명이 먹을 점심을 만들고, 간식으로 연탄불에 구운 계란빵을 만들었다. 어린이집 일이 끝나면 원장님 댁에서 가정부 일까지 했다. 그렇게 일하고 퇴근하면 오후 아홉 시가 다 되어 있었다. 그때 남편은 동네 이장 일을 하고 있었는데 소득은 없어 가정에 별 도움이 되지 않았다.

　내가 일하는 동안 노모이신 시어머님께 어린 자식들과 조카들을 맡겼기 때문에 어머님께서도 고생을 많이 하셨다.

그때는 세탁기가 없어서 아이들 옷을 손수 빨아야 했다.
그리고 아이들 목욕도 시켜 줘야 했다. 시어머님께서는 비가
오나 눈이 오나 하루도 쉬는 날 없이 일하시며 아이들이
고등학교를 졸업할 수 있게 뒷바라지를 해 주셨다.
비록 시어머님이 나에게 시집살이를 시키시기도 했지만,
어머님께서도 사는 게 너무 힘들고 고통스러워서 그러셨던
것 같다. 지금은 부처님 세계에서 편히 계시길 바랄 뿐이다.

아이들 교육

내가 중학교를 졸업한 아이들을 고등학교에 보내려고
하니 시동생들은 아이들을 공장에 보내서 일하게 해야지
왜 학교에 보내냐고 했다. 작은시아버님도 딸들을 왜
학교에 보내냐고 하셨다. 나는 다니다가 중퇴하더라도
고등학교 문턱이라도 밟아 봐야 하지 않겠느냐고
대답했다. 내 아이뿐만 아니라 조카 남매들도 모두 학교에
보내 주고 싶었다. 이것 때문에 아직도 나 스스로가
죄인처럼 느껴지는 일이 있다.
둘째 아이가 중학교를 졸업할 무렵에 담임 선생님이
우리 집에 두 번이나 오셨다. 나는 아이들을 모두 실업계
고등학교에 보내려고 했는데 선생님은 둘째를 인문계인
순천고등학교로 보내라고 하셨다. 아이가 전교 1등을 할

만큼 공부를 잘해서 순천고에 가면 선배들이 잘 이끌어 주니 대학 입학도 문제없을 거라는 것이다. 그러나 나는 반대했다. 조카 남매가 있기 때문이었다. 부모 없는 조카들도 차별 없이 고등학교에 보내 줘야 하는데, 인문계에 보내기에는 가정 형편이 여의치 않았다. 그러니 6남매 모두 똑같이 실업계에 보내야 한다고 생각했다. 내 자식들만 돌봤다면 실업계든 인문계든 상관 않고 보냈겠지만, 조카들이 있으니 그럴 수 없었다. 지금 생각하면 후회된다. 엄마의 부족함이 자식 앞길을 막았나 싶어 아직도 미안한 마음이 남아 있다.

광주로 상경

둘째가 진학하게 될 학교는 광주상업고등학교였다. 나는 둘째의 자취방을 구하러 광주에 갔다가 이종사촌 언니를 만났는데, 언니가 고흥보다 광주에서 돈을 버는 게 나을 거라며 이사를 권했다. 이 이야기를 시어머님께 전했더니 분가를 승낙하셔서 나는 1991년에 4남매만 데리고 광주로 이사했다. 딸 둘은 고흥에 남아 계신 어머님께 맡겼다. 광주에서 학교를 다닐 둘째 아이만 데리고 갈 수도 있었지만, 칠순이 넘으신 시어머님께 다섯 아이를 맡기고 갈 수 없었다.

나는 3월 2일에 광주로 올라가 7일부터 야쿠르트 판매원 일을 시작했다. 그때 내 몸무게가 39kg이었는데, 소장님은 면접에서 내 체격이 너무 작고 몸이 약해 보인다며 바로 합격시켜 주지 않았다. 대신 빈 야쿠르트 리어카를 오전 내내 끌고 다니게 하면서 뒷짐 지고 서서 나를 보고 계셨다. 내가 시골에서 농사짓고 나무도 했다고 말했지만 믿지 않는 모양이었다. 겉모습으로 사람을 판단하는 소장님이 한심했다. 소장님은 내가 6개월도 못 버티고 그만두게 될 거라고 했지만, 나는 광주에 올라온 다섯 식구의 생계를 위해 악으로라도 견뎌야 했다. 아무리 힘들어도 참고 야쿠르트 리어카를 끌고 다녔다. 가족들을 생각하면서 나는 18년이라는 긴 세월 동안 야쿠르트를 팔았다.

광주에서 구한 첫 집은 전세 상하방이었다. 수중에 가진 거라곤 쌀 20kg에 현금 30만 원이 전부였다. 형편이 여의찮았으니 그 시절에 우리는 아침을 먹고 나면 저녁 걱정, 저녁을 먹으면 내일 아침 걱정을 해야 했다. 대책 없이 데리고 온 것이라 애들도 고생을 호되게 했다. 용돈을 받기는커녕 밥도 배불리 못 먹었다. 다섯 식구가 라면 두 개를 끓여 놓고 다 퍼질 때까지 기다렸다가 한 국자씩 나누어 먹으며 살았다. 그때 내가 배를 곯은 채 무거운 야쿠르트 리어카를 끌고 다녀서 지금 다리가 이렇게 아픈가 싶기도 하다. 내 고된 인생살이를 누가 알겠는가. 하늘과 땅이나 알겠지. 그래도 야쿠르트 일을 했기 때문에

백정순

야쿠르트 판매

아이들을 학교에 보내고, 꼭 필요한 상황엔 돈을 줄 수 있었다.

첫 월급은 25만 원이었다. 나는 그중 5만원을 시골에 계신 시어머님께 드리고 아이들과 통닭을 한 마리 시켜 먹었다. 옛날에는 한 마리만 시켜도 양이 많아서 다섯 식구가 부족함 없이 먹을 수 있었다. 아이들과 같이 둘러앉아 통닭을 먹는 행복을 이럴 때가 아니면 언제 또 맛볼 수 있을까 싶었다. 시어머님 곁을 떠나 광주에 오니 이런 세상이 다 있구나 하고 마냥 행복해했다. 그러나 행복한 것도 잠시일 뿐이었다. 나는 주말마다 시어머님께 가 봐야 했고, 야간 알바도 시작했다. 식당, 가사 도우미, 목욕탕 청소까지 돈이 된다면 가리지 않고 무조건 덤벼들었다. 안 해 본 일이 없었다. 제대로 뭘 먹질 못하고 일만 하니 체력이 떨어져서 죽을 뻔했다 살아나기도 했다. 한 번은 하혈을 많이 해서 전남대학교병원에 입원하는 바람에 온 가족이 놀랐다. 우리 아이들, 그 시절에 배를 곯고 마음고생도 많이 했을 텐데 잘 자라 줘서 너무 감사하다.

야쿠르트, 붕어빵 장사

2008년 즈음에는 낮엔 야쿠르트를 팔고 저녁엔 산수오거리에서 붕어빵 장사를 했다. 큰아들이 퇴근하면 장사하는 곳으로 와서 붕어빵 파는 것을 도와줬다. 장사 수입이 제법 쏠쏠했다. 오래오래 하려고 했는데 아쉽게도 시어머님이 강하게 반대하셨다. 저녁 장사까지 하면 내 몸이 너무 힘들 거라며 못 하게 하셨다. 시어머님은 야쿠르트 판매를 그만두든지 붕어빵을 굽지 말든지 한 가지만 선택하라고 하시면서 건강이 중요하다고 당부하셨다. 내가 건강을 잃으면 우리 가정의 생계가 당장 무너지기 때문이었다. 나는 어쩔 수 없이 아쉬움을 뒤로하고 붕어빵 장사를 접어야 했다.

내가 야쿠르트를 팔던 1990년대에는 지금과 달리 카드가 많이 없던 시절이라 길에 돈이나 금붙이가 떨어져 있을 때가 많았다. 한 번은 리어카를 밀고 다니다 금시계를 주웠는데 동료가 달라고 하기에 줘 버렸고 현금도 100만 원을 두 번이나 주웠다. 첫 번째는 산수동 공무원 아파트 앞에서였다. 돈을 주운 나는 손을 벌벌 떨면서 무작정 눈에 보이는 302호 문을 두드렸다. 집에서 사람이 나오자 아파트 앞에서 돈을 주웠다고 하면서 주운 돈을 줘 버렸다. 그리고 아파트 입구에 있는 수입코너 상가에 가서 말했다. 돈 잃어버린 사람이 찾아오면 302호에 맡겨 두었으니 찾아가라는 말을 전해 달라고. 그 얘기를 하니 상가 주인이 주운 돈은 파출소에 가져다 줘야 한다고 하기에, 또 한 번 돈을 주웠을 때는 풍향동 파출소에 가져다 줬다. 순경들은 주인을 찾으면 후사를 하겠다며 연락처를 주고 가라고

ⓒ 홍민석

했지만, 연락이 오진 않았다. 지금 생각하면 바보였던 것 같다. 그 형편이 어려웠던 때에 주운 돈을 내가 가질 수도 있었을 텐데, 그때는 큰돈이 왜 그렇게 무서웠는지 모르겠다. 하지만 그때 내가 양심을 저버리지 않고 나쁜 짓을 하지 않았기 때문에 지금 편히 사는 것 같다.

이사

광주에 온 직후 풍향동에서 3년 조금 못 되게 살다가 두암동으로 이사했다. 내가 고생하며 산다는 것을 아신 풍향동 동장님께서 영세민 아파트를 추천해 주신 덕분이었다. 아이들과 영세민 아파트에서 7년을 살았는데 큰애가 고등학교를 졸업하자 아파트에서 내쫓길 위기에 처했다. 이제 아들이 성인이라 입주 조건에 맞지 않았기 때문이었다. 이럴 때 나가지 않고 버티는 사람들도 있었지만, 언제까지고 버티고만 있을 순 없는 노릇이었다. 당장 갈 곳이 없어 내가 곤란해 하던 차에 시어머님께서 난데없이 집을 사라고 하셨다. 먹고 살기도 힘든데 시어머님은 내가 광주에서 돈을 많이 번다고 생각하셨나 싶었다. 하도 어이없는 말씀을 하시니 처음에는 흘려들었다. 그런데 시어머님께서 계속 독촉하셨다. 결국 솔직하게 집을 살 돈이 없다고 말씀 드리자, 시어머님께서

"돈이 없으면 집을 사라고 하겠냐."라고 하시는 것이다. 사촌 언니에게 "시어머님이 집을 사라고 하는데 어떻게 할까요?" 하고 물었더니 "어머님이 돈 줄랑갑다." 하시면서 집을 보라고 하기에 이사할 집을 알아보기 시작했다.

  시어머님께서는 정말로 집 사는 데 보태라며 4천만 원을 주셨다. 어머님께 돈이 있을 거라고 누구도 생각 못 했을 것이다. 시골에서 너무 힘들게 사셨기 때문이다. 아이들을 돌보고 일까지 하시면서 어떻게 그 돈을 모으셨을지, 감사한 마음뿐이었다. 덕분에 나는 2000년도에 지금 살고 있는 주택을 전세를 안고 살 수 있었다. 시어머님이 아니었으면 집을 살 수 없었을 것이다. 어머님께서는 돈을 주실 때 "내가 죽고 없어도 이 돈 얘기는 누구에게도 하지 말라."라고 부탁하셨다. 나는 어머님의 부탁이니 가족들에게 말하지 않고 조용히 있었다. 그러나 세상에 비밀이 어디 있겠는가. 누가 어떻게 해서 알았는지는 모르겠으나 사실을 알게 된 5남매들은 난리가 났다. 형제가 많으면 행복하리라 생각했던 내 소망은 어디로 가고, 지금은 남보다 못하게 살고 있다.

교육대학교로 이직하다

2008년에 조카가 교육대학교에 미화부 일자리가

생겼다며 내게 추천해 주었다. 내가 한창 야쿠르트를 판매하던 때였는데 야쿠르트 판매원을 평생 직업이라 생각하고 죽자 살자 열심히 하고 있던 터라 많이 망설여졌다. 아이들과 상의해 보니 다들 야쿠르트를 판매하러 돌아다니는 건 힘드니 학교로 옮기는 게 좋겠다고 했다. 야쿠르트 판매는 성과 달성제라 다 팔지 못하면 내가 전부 책임져야 했다. 야쿠르트 1,300개와 유제품 5종을 리어카에 담아 집집마다 찾아가서 야쿠르트 사세요, 하며 팔았는데 남은 것은 전부 집으로 가져가서 가족들과 나눠 먹거나 하수구에 버리는 수밖에 없었다. 게다가 비가 오나 눈이 오나 밖에서 무거운 짐을 끌고 다녀야 하니 애로 사항이 많았다. 결단을 내린 나는 회사에 그만둔다고 말씀을 드렸지만 거절당했다. 그렇지만 이런 기회는 자주 오지 않을 것 같았다. 나는 야쿠르트 판매원 제복을 벗고 새로운 일터인 교육대학교로 갔다. 후임자도 정해지지 않은 상태에서 냉정하게 떠나 버린 셈이었다. 내가 힘들고 어려울 때 회사의 도움을 받기도 했지만 어쩔 수 없었다.

    그렇게 시작한 교육대학교 미화부 일은 그동안 힘든 일을 해 온 나에게는 일도 아닌 것 같았다. 야쿠르트 판매에 비하면 정말 좋았다. 야쿠르트는 개인 사업자 등록이라 18년을 다니는 동안 아무런 복지 혜택도 없었고 퇴직금이나 연금도 받지 못했다. 그런데 학교에 들어가니 쉬는 날도 많고 급여일에 정해진 금액을 받을 수 있어서 얼마나 좋았는지. 한편으로는 애들한테 미안한 마음도 들었다. 대학생들이 학교생활을 즐기는 걸 보니, 용돈 한 번 여유 있게 받아 본 적 없는 우리 아이들이 즐겁게 학교를 다녔을까 싶어 가슴이 아팠다. 막내아들은 중학교, 고등학교를 걸어서 다녔는데 많이 걷다 보니 교복 바지가 다 닳아서 세탁소에서 꿰매 입고 다녔던 것이 생각났다. 그 힘든 시절을 보내면서도 샛된 길에 빠지지 않고 바르게 자라 준 자식들에게 항상 고맙다. 아이들이 잘 자라 준 덕에 나는 북구청, 동신고등학교, 사범대학부설중학교에서 주는 장한 어머니상을 3번이나 탔고 고흥군에서 효부상도 탈 수 있었다.

야간학교

어느 날 나는 학교 화장실에서 야학 학생을 모집한다는 홍보 스티커를 발견했다. 배우지 못한 어르신들을 모아 놓고 대학생들이 봉사로 저녁 7시에서 10시까지 공부를 가르쳐 주는 것이었다. 나는 이 기회에 어릴 때 못 배운 공부나 해 볼까 싶어 야학에 다니기 시작했다. 검정고시로 중학교 졸업 학력을 얻어 보려 했는데 너무 어려웠다. 오랜만에 공부하려고 하니 배운 것이 머리에 입력되지 않고, 돌아서면 들은 것을 잊어버렸다. 나는 1년 6개월 동안 야학에 다니면서 검정고시를 두 번 봤지만 7과목 중 5과목만 합격해서 졸업하지 못했다. 합격하지 못한 과목은 국어, 영어 두 과목이었다. 뇌세포가 이제 많이 죽어 버렸나 싶은 생각이 들었다. 몇 년 후에 재도전해 볼까 했지만 쉽지 않을 것 같았다. 초등학교 때 배운 건 지금도 기억나는데 야학 다니면서 배운 영어는 하나도 기억나지 않았다. 그래서 공부를 포기해 버렸다. 젊을 때 고시 공부를 시작한 사람들은 10년을 다니기도 하는데 나는 인내력이 부족했다. 그런데 요즘에는 상가 간판이나 아파트 브랜드에 영어가 많이 사용되니 영어 공부의 필요성을 느낄 때가 있다. 중간에 포기하지 말고 배웠어야 했다는 생각에 후회하기도 한다.

 학교에서 일하기 시작하면서 나에게도 내 여가 시간이 생겼다. 해외여행도 이따금 다니고 종교 생활도 할 수 있게 되었다. 절에서 주최한 10박 11일 인도 성지순례도 가고 중국 여행도 갔다. 그러다 문득, 산 사람은 이렇게 호강하며 사는데 좋은 세상을 살아 보지도 못하고 떠난 남편에게 미안한 생각이 들 때도 있었다. 살아 있었으면 같이 편하게 살았을 텐데. 젊어서 나에게 모든 것을 맡기고 떠난 남편을 야속하다고 생각했지만 지금은 불쌍한 마음이 더 크다.

친구들과 여행

즐겁고 행복한 요즘

2008년부터 2018년까지 교육대학교 미화부로 일하다 그만둔 뒤, 나는 1년 정도 건물 청소 일을 했고 그 뒤로 복지관에서 6개월 정도 청소 일을 했다. 오후 2시부터 5시까지 하는 일이라 크게 힘들진 않았지만, 작년 11월에 허리 디스크가 발병하면서 그만두었다. 정형외과 원장님은 내 허리 엑스레이를 찍어 보더니 병원까지 어떻게 걸어왔냐고 하셨다. 의사 입장에서는 내가 멀쩡하게 앉아 있는 것을 의학적으로 이해할 수 없을 정도라고 했다. 그러더니 나에게 "열심히, 착하게 사셨나 봐요." 하셨다. 생각해 보면 그 말이 맞는 것 같다. 나는 그동안 오직 앞만 보고 6남매를 위해 열심히 살았다. 야쿠르트 판매업을 했던 18년의 세월을 다람쥐 쳇바퀴 돌듯이 성실하게 일했다. 내가 맡은 구역에 사시는 할머님들을 리어카에 태워 집까지 모셔다 드리기도 하고, 무거운 짐을 실어 드리면서 나쁜 일은 하지 않고 살아왔다. 정형외과 원장님 말씀대로 내가 착하게 살아 복을 받았는지, 디스크도 시술이나 수술 없이 뜸과 침 치료로 완치되었다.

걱정이 하나 있는데, 조카와 막내가 독신으로 있으니 부모의 마음이 괴롭다. 아이들이 좋은 인연을 만나 행복한 가정을 이루고 살았으면 하는 바람이다. 요즘에는 충효동에 사는 조카가 작은 땅에서 농사를 짓고 있어

© 홍민석

거기서 야채, 고구마를 가져다 먹고 있다. 남들에게 마음껏 나눠줄 수 있을 정도로 농작물이 많은 것은 아니지만, 불교에서 말하는 보시의 의미로 여러 집에 나누어 주고 있다. 조카에게도 항상 고마움을 잊지 않고 있다. 작년에는 옆집 원룸 사장님께서 30평 밭을 주셔서 내 밭이 따로 생겼다. 날마다 밭에 가서 자라는 농작물을 보면 너무 행복하다. 열심히 농사를 지은 보람이 있다. 모든 게 정직하게 열심히 살아온 보답이 아닐까.

지금은 특별한 목표는 없지만 종종 봉사활동도 하고 이것저것 배우고 듣고 만들며 보람을 느끼고 있다. 내 인생 중 지금이 가장 행복한 것 같다. 무언가 배우려는 열정으로 너무 바쁜 시간을 보내고 있지만, 앞만 보고 살아온 내 인생이 이렇게 평온할 때도 있구나 싶다. 이제 자녀들이 일 대신 여가 생활을 하라고 해서 즐겁게 살아가려 한다. 옛말에 "악한 끝은 없어도 선한 끝은 있다."라는 속담이 있듯이, 이대로 내가 건강하기만 하다면 편안하고 행복하게 인생의 막을 내릴 수 있을 것 같다.

백정순

박한양 朴漢良 이야기

전남 완도군 청산면 상동리
320번지에서 2남 2녀 중 장남으로
태어났습니다.

탁구와 100여 평의 텃밭 가꾸기에
매진하고 있습니다.

가족들에게 보내는 한마디
행복을 느낄 줄 알아야 한다. 형제간의 우애를 돈독히 해라.

내 인생의 키워드
이웃을 사랑하고, 봉사한다.

자서전

　몇 년 전부터 나의 인생을 글로 남기고 싶다고 생각했다. 내가 살아온 세월을 말로 전하기에는 너무 길고 지루하다. 가족이라 한들 남의 이야기에 불과하다 보니 들어도 금세 잊어버릴지 모른다. 그래서 나의 기억도 더듬을 겸 자서전을 쓰기 시작했지만 오래전부터 나를 괴롭혀 온 수전증 때문에 여의찮았다. 필기는 물론 일상생활에조차 많은 지장이 있을 정도로 손 떨림이 심해서, 혼자 힘으로 자서전을 써 보려던 시도는 아쉽게도 좌절되었다.

　그러던 어느 날, 귀갓길에 아파트 현관 게시판 앞에서 발길이 멈췄다. 나도 모르게 눈이 점점 커지면서 몸이 앞으로 이끌렸다. 아니, 자서전. 내가 간절하게 바라던 자서전 집필을 동구청에서 도와준단다. 바로 다음 날 담당자에게 전화를 걸어 신청했는데, 막상 통화를 마치고 나니 즉시 후회가 몰려왔다. 나는 수전증도 있는 데다 글재주 또한 자신이 없었다. 그냥 취소해야 하나 고민되었다.

　그럼에도 한 번 부딪쳐 보기로 했다. 본래 자서전이라 하면 잘나디잘난 사람들만 쓰는 것이라는 선입견이 있지 않은가? 유명인들의 자서전을 읽어 보면 온통 자기 자랑에 거짓말로 가득하다. 그런 거짓으로 국민이나 주위 사람들을 우롱하다 못해, 심한 경우 법에 저촉되는 내용을 실어 결국 고발당하고 고욕을 치르는 경우까지 있다. 그러나 나는 유명하지도 못나지도 않은 내 인생을 있는 그대로 쓸 것이다.

이름 때문에

내 이름은 박한양. 대개 박할량이라고 읽는다. 이렇게 발음하면 웃지 않는 사람이 없다. 친구들이나 어른들은 할량아, 하고 불러 놓고는 말없이 웃기만 하기도 했다. 어린애들도 가끔 저희끼리 모여 내 이름을 두고 킥킥거렸다.

내 얼굴은 몰라도 박할량이라는 이름을 아는 사람은 많았다. 이 유명하고도 웃기는 이름 때문에 나는 남의 기억에 남을 만한 나쁜 언행을 할 수 없었다. 나의 독특한 이름 뒤에 그 행적이 곧바로 따라붙고 말 테니까.

완도군 청산면 상동리 320번지

나는 1944년 8월 25일 오후 10시경, 대한민국보다 태평양과 더 가까운 외딴섬. 오지 중의 오지인 완도군의 청산도에서 태어났다. 완도의 본섬은 김 양식이 발달했기 때문에 전국에서도 손꼽히게 부유한 섬이었다. 덕분에 내가 40대였던 1980년대까지도 "완도에서는 개도 500원짜리를 물고 다닌다."는 말이 돌았다.

그러나 청산도는 바다가 깊고, 태평양에서 밀려오는 파도가 거센 데다 갯벌도 없고, 인구에 비해 농토가 터무니없이 부족하여 모두가 가난에 허덕이는 곳이었다. 청산도의 사정을 잘 아는 사람들은 '청산도에서 태어난 여자는 결혼할 때까지 쌀 서 말을 먹고 시집을 가면 부자'라고 할 정도였다.

그때는 가족계획이라는 개념이 정립되기 전이어서 아이가 생기면 생기는 대로 낳았다. 그런 시대였으니 한 가정에 사람이 너무 많다는 게 큰 문제였다. 그래서 가족 한 사람을 줄이면 논 세 마지기를 산 것과 같다고 했다. 먹고 살기 힘든 시절이었으니, 여자들은 초등학교에 보내지 않고 남의 집 아이를 돌보거나 심부름하는 일손으로 집에서 내보냈다. 물론 보수도 없이 그곳에서 먹고 자는 게 전부였다. 남자들은 초등학교를 졸업하면 돈을 벌어 오라며 서울로 보냈다.

나는 중학교를 졸업하고 1년 동안, 혹시 부모님께서 나를 고등학교에 보내 주시지 않을까 기다렸다. 그러던 어느 날 부모님께서 나를 부르셨다.

"너 고등학교에 가고 싶지? 준비해라."

알고 보니 부모님은 이미 나를 목포에 있는 고등학교에

진학시키겠다고 결정하신 상태였다.

　외지에서 온 친구들은 대부분 힘들게 자취했지만 나는 비교적 편하게 하숙집에서 생활했다. 집안에 재산이 많아서가 아니라 그저 자식을 고생시키지 않으려는 부모님의 배려 덕분이었다. 평생 먹을 것, 입을 것을 아껴 가며 모은 재산으로 아들을 학교에 보내는 데는 큰 결심이 필요했을 것이다. 나를 믿고 지원해 주신 부모님께 지금까지도 감사한다.

　나의 고향 청산도는 육지와 거리가 멀고 교통이 아주 나빠, 첫닭이 우는 새벽 네 시에 일어나야 외지로 나갈 수 있었다. 방학이 끝나 갈 때면 나는 어머니와 함께 하숙집에 줄 쌀을 한 말씩 이고 지고 부두까지 걸었다. 한 시간을 걸어 목포로 향하는 여객선에 오른 후에는 약 일곱 시간 동안 지루한 여행을 해야 했다. 날씨가 나쁠 때는 아홉 시간 이상이 걸리기도 했다.

　청산도에서 목포에 가는 방법이 하나 더 있긴 했다. 집에서 나와 부두까지 한 시간을 걷고, 한 시간 반 동안 배를 타고 완도읍으로 간다. 그리고 완도읍에서 차를 타고 30분, 그곳에서 또다시 배를 타고 20분. 마지막으로 해남 남평에서 출발하는 버스를 타고 네 시간을 달리면 비로소 목포에 도착할 수 있었다.

　이처럼 교통이 열악한 외딴섬에서 생활하는 주민들의 마음을 달래려는 의도였을까? 국가는 2007년 12월 1일 내

고향 청산도를 아시아 최초 슬로 시티로 지정했다. 그때만 해도 청산도에도 볕 들 날이 있다며 주민 모두가 환호했다. 관광 사업이 활성화되어 지역 경제가 살아나길 기대하는 사람들도 많았다.

그러나 찾아온 현실은 기대와 달랐다. 우선 관광 코스가 짧기 때문에 기껏 찾아온 관광객들이 하루면 모두 떠나갔다. 자연스레 주민들에게는 관광 수입이 들어오지 않았다. 청정한 미지의 섬에 펼쳐진 지형지물을 찾아온 관광객들은 오래되지 않아 주민들의 골칫거리로 전락했다. 관광객들이 돈은 쓰지 않고 쓰레기만 남기고 떠나 버리면, 주민들이 그 오물을 치워야 하는 형편이었다.

그래도 지금은 관광 기관이 적극적으로 협조하여 이전의 문제들을 해결하고 있다고 한다. 영화 <서편제>, 드라마 <봄의 왈츠> 등의 촬영지로 활약하면서 청산도의 아름다운 풍광은 더욱 유명해졌다.

어릴 때는 누군가 고향이 어디냐고 물으면 목포라고 했다. 청산도는 어디에 붙어 있는지도 모르고, 혹시 안다고 하더라도 섬놈이라고 무시하니까. 그러나 요즘은 사람들이 완도는 몰라도 청산도는 안다. 이제 나는 남이 묻기도 전에 내 고향은 청산도라고 가슴을 펴고 목소리 높여 아주 당당하게 소개한다.

박한양

부모님 회갑연

부모님

나의 아버지는 술을 매우 좋아하셨다. 365일 내내 술을 마실 정도였다. 특히 마을에 관혼상제가 있는 날에는 더 많이 취하셨다. 아버지는 목소리가 커서, 거하게 취하면 그 사실이 온 동네에 소문이 났다. 그래도 절대로 남에게 피해를 주거나 집에서 몹쓸 주정을 부리지는 않으셨다. 마을 사람들은 "그 양반은 술을 지고는 못 가도 마시고는 갈 수 있다."며 놀리곤 했다.

아버지는 예절을 지키지 않는 사람에게 곧바로 호통을 치는 엄한 분이셨다. 우리 마을에 갓 시집온 아낙네들은 아버지에 관한 소문을 듣고 아버지와 마주칠 때마다 지레 당황하기 일쑤였다. 물동이를 이고 가다가 아버지와 마주치면 허리를 숙여 인사할 수 없으니, 꾸중을 들을까 봐 옆집으로 숨기까지 했다.

오죽하면 이런 소문까지 돌았다. 머리에 물동이를 이고 가던 어느 색시가 길에서 갑자기 아버지를 만났는데 몸을 숨길 곳이 없었다. 그러자 그 색시는 하는 수 없이 아버지께 꾸벅 인사하며 물동이의 물을 다 쏟고 말았다.

당시 청산도 여자가 따지던 혼인의 첫째 조건은 객지에서 살 수 있느냐는 것이었다. 객지로 나가는 남자를 따라가면 큰 고생은 면할 수 있다는 생각 때문이었다. 그다음은 부모의 재산이 넉넉한가로, 부유한 집에 시집가면 먹을 것 걱정은 하지 않아도 되기 때문이었다. 또 맏며느리는 시부모님을 모셔야 하기에 장남은 기피대상이었다.

그런데 나는 장남인 데다가 아버지의 급한 성격과 잦은 음주라는 단점까지 유명했기 때문에, 선 자리가 쉽게 나타나지 않았다. 사실 나도 결혼하기 싫어서 아예 나타나지 않으면 얼마나 좋을까 하고 생각했다. 아가씨와 연애는커녕 차도 한 잔 오붓하게 마셔 보지 못한 총각을 가정의 굴레에 묶으려고 하다니.

그러나 삶이란 게 어디 내 마음대로 되는가. 나는 여차여차하여 결국 지금의 아내와 중매결혼을 했다. 아버지와 며느리 사이가 내가 보기에도 샘이 날 정도로 좋았다. 이건 여담인데, 소문에 의하면 어떤 아가씨는 "그럴 줄 알았으면 내가 결혼할 걸 그랬다."라며 후회하기도 했단다. 또 고개 너머의 어떤 마을 아가씨는 자신이 속으로 나를 좋아했는데 뭐가 그리 바빠서 일찍 결혼했느냐며 원망했다고 들었다. 아이고 바보들······. 놓친 물고기는 더 크게 느껴지는 법이다.

아버지는 주로 집에서 술을 드셨는데, 가끔 혼자 흥얼거리시는 노래가 있었다.

"어떤 놈은 잘나 고대광실에서 잘 먹고 잘사는데, 나는 이런 초가삼간에 매일 밤이나 낮이나 흙 묻은 바지 못 면하고 고생에서 벗어나지 못하고 말겠다."

아버지는 열세 살에 작은 어선을 직접 사서 고기잡이하고, 10대 후반에는 목수 일을 배워서 외화를 벌어들일 정도로 생활력이 강했다. 농번기에는 집에서 농사짓고, 농한기에는 해남과 강진에서 돈을 벌어 농토를 사셨다. 어떤 사람들은 비싼 돈놀이(당시는 이율이 50~100%)를 하여 쉽게 돈을 모았는데, 아버지는 남에게 당당하지 못할 일을 하면 천벌을 받는다며 정직히 일하여 땅을 사셨다. 아버지는 땅은 누가 훔쳐 가지도 못하고 어디로 도망가지도 않는다고 말씀하셨다.

나는 한편으로 참 답답해서, 한번 큰마음 먹고 더 쉬운 방법도 있는데 왜 힘들게 사시느냐고 물었다. 나의 질문에 아버지는 이렇게 충고하셨다.

"이놈아, 쉽게 얻은 재산은 쉽게 없어질 수도 있는 법이다. 너무 답답해하지 말아라."

항상 "사람은 일을 일찍 배워야 한다."라고 말하던 아버지는, 일곱 살의 나에게 지게를 만들어 주고 일을 시키기도 하셨다. 아버지가 무서웠던 나는 차마 직접 불평하지 못하고 어머니한테 하소연했다. 그러면 이런 대답을 들었다.

"이 녀석아, 이 어미도 하고 싶은 말은 많지만 너희 아버지가 무서워서 꺼내지도 못한다. 가정의 평화를 위해 우리가 참아야지, 달리 방법이 없다."

어머니 세대의 여자들은 그랬다.

이렇게 무서운 아버지 때문에 마을 친구들은 우리 집에 얼씬도 못 했다. 이따금 같이 놀고 싶으면 대문에서 얼굴만 쏙 내밀고 너희 아버지 계시냐고 아주 작은 목소리로 물었다. 그러나 아버지는 친구들이 찾아온 것을 귀신같이 알아차리고 "너희, 집에서 공부해야지 어딜 놀러 다니느냐?"하고 호통치셨다. 고함이 채 끝나기도 전에 친구들은 삼십육계 줄행랑을 쳤고, 아버지는 그 뒷모습을 보고 빙긋이 웃으며 돌아서곤 했다.

어머니는 계란형 얼굴에 자타가 공인하는 미인이었고, 체구는 작아도 마을에서 제일가는 장사였다. 마을 사람들은 나에게 너는 어머니를 닮아 꼭 깎아 놓은 알밤 같다고 말하기도 했다. 우렁찬 목소리, 남다른 체력, 급한 성격 등 아버지를 많이 닮은 남동생과 달리 나는 술을 좋아한다는 것 외에 아버지를 닮은 구석이 없다. 외모와 마음씨, 숱이 많고 검은 머리카락까지 전부 어머니를 꼭 빼닮았다.

어머니는 82세에 세상을 떠나실 때까지도 머리카락이 새까맸다. 나 역시 현재 79세지만 여태껏 머리카락을 염색해 본 적이 없다. 어머니는 내게 참 좋은 유전자를 물려주셨다. 시간이 지날수록 어머니에 대한 고마움을 점점 더 실감하게 된다. 가정의 평화를 위해서 묵묵히 일하시던 어머니······.

박한양

어머니는 평소 불평 하나 없이 가사를 돌보셨지만, 아버지께 딱 하나 큰 불만이 있었다. 막걸리를 좋아하는 아버지를 위하여 2주에 한 번씩 술밥을 쪄서 막걸리를 담가야 하는 것이었다. 어머니께는 근무 외 노동이었다. 가끔은 아버지께 들리지 않을 정도의 목소리로 "아이고, 저 웬수."하고 한탄하기도 하셨다.

그런데 문제가 있었다. 1950~1960년대에는 집에서 빚은 막걸리를 밀주라고 부르며 단속했다. 가끔 군청 세무과 직원들이 현장을 조사하러 나왔는데, 현장에서 걸리면 범칙금을 물기 때문에 비밀 장소에 감추거나 문을 잠그고 재빨리 피신해야 했다.

우리 마을은 마을로 들어오는 앞길보다 지대가 높아서 마을에 사람이 다가오면 곧장 내려다볼 수 있었다. 당시 시골에는 양복을 입은 사람이 귀했기에, 그 길을 따라 양복 입은 사람이 걸어오면 세무과 직원이 술 조사를 나왔다는 소식이 이웃집에서 이웃집으로 빠르고 은밀하게 전달되었다. 소식을 들은 사람들은 술을 잘 숨긴 후 문을 잠갔고, 그러지 못하면 맨발로 뛰어 도망쳤다.

그러다 언젠가 한 번 어머니는 미처 제때 빠져나오지 못한 적이 있었다. 발을 동동 구르던 어머니는 술동이를 치마로 덮고 바느질하는 척해서 겨우 화를 면했다고 한다. 그 이야기를 뒤늦게 전해 들었을 때는 숨이 멎는 것 같았다.

문제는 양복을 입고 마을에 찾아오는 낯선 사람들이

세무과 직원일 때보다 외지에서 찾아온 방문객일 때가 더 많다는 것이었다. 온 마을이 속아 넘어가 괜한 고생을 했을 때는 마을 사람들끼리 모여 한바탕 헛웃음 잔치를 벌였다. 이런 일을 겪을 때마다 어머니께서는 저 웬수 때문에 내 명대로 못 살 것이라고 푸념하셨다. 그러나 어머니는 아버지보다 10년을 더 사셨다.

아내

그 시절엔 남자는 25세, 여자는 23세를 넘으면 노총각과 노처녀로 불렸다. 지금이야 결혼은 선택이라고들 하지만 당시에는 필수였으며 혼기를 놓치면 결혼하기 어려웠다. 더욱이 부모님이 하라고 하면 그게 결혼이든 무엇이든 해야 했다. 우리 부부는 동갑내기로 21세에 결혼했다. 아들을 서둘러 결혼시켜 손자를 보고자 하는 부모님의 소망에 따른 혼인이었다. 그도 그럴 것이, 논밭을 팔아 가며 유학을 보낸 아들이니 그 보람을 빨리 느끼고 싶으셨을 것이다.

그렇게 나는 일찍 결혼하여 23세에 첫째 딸을 낳은 후 입대했다. 아내는 남편 없이 3년 동안 시부모님을 모시고 농사를 지어야 할 처지가 되었다. 지금 생각하면 정말 미안하고, 도무지 어떻게 사과하고 갚아야 할지 모르겠다. 아내는 이왕에 이렇게 됐으니 사는 데까지 살아야 한다며 누구도 원망하지 않았단다. 내 아내의 사람됨이 똑 부러지니 마을에서는 우리 집을 똘똘네 집이라고 불렀다. 사람들은 내 아내가 힘도 좋고 성격도 시원시원한 게 남자 같은 여자라고도 했다.

 젊은 시절 나는 농사를 지어 본 경험도 없었지만 관심은 더 없었다. 나는 아내가 어떻게 사는지, 무슨 고생을 하고 무슨 생각을 하는지도 전혀 관심이 없었.

 내가 고향 청산초등학교에 교사로 근무할 때 일이다. 나는 농사일이 힘들어 싫증이 날 즈음이면 토요일 퇴근 전에 동료들에게 부탁했다. 내일 아침에 내게 전화를 걸어 "학교에 급한 사무가 있으니 빨리 나오라."하고 말해 달라는 약속이었다. 우리 마을에 전화기라고는 마을 회관에 있는 것뿐이어서, 전화가 오면 누구 씨 전화 왔다고 스피커로 알려 주었다. 내가 방송을 듣고 학교에 가야 한다며 논밭에서 일하다 말고 일어나면 아내는 짜증을 냈다. 그 옆에서 아버지가 만류하며 말씀하셨다.

 "그만둬라. 아들은 국가의 녹을 먹고 사는 사람이니 우리가 이해해야지."

 나는 그런 식으로 부모님과 아내에게 밭을 맡기고 농사일을 피해 학교로 갔다. 전깃불이 없고 길도 험해서 남자는 지게로, 여자는 머리에 짐을 이고 나르며 고되게 일해야 했던 고향에서의 기억이다. 돌이켜 보면 부모님께나 아내에게나 죄송하고 미안한 마음뿐이다. 내 나이가 어려서였을까, 농사에 관심이 없어서였을까? 그때는 아내의 고생과 어려움을 전혀 헤아리지 못했다.

   광주로 온 후에도 아내는 나의 부모님과 자식 4명, 하숙생 2명까지 총 8명의 수발을 들어야 했다. 세탁기도 없던 시절이라 매일같이 대식구의 옷을 손빨래하고, 밥을 두 솥씩 지어 아침 식사를 차린 후 도시락 열두 개를 준비했다. 고등학생들은 밤에 공장에 다녔기 때문에 저녁 도시락까지 필요했다.

   한편 남편인 나는 원인 모를 복통에 시달리느라 잠을 못 자고 허약하기까지 하니, 아내는 나의 병시중까지 들며 이중 삼중고를 겪어야 했다. 수없이 한약을 달여 주던 아내의 고생을 차마 여기에 다 쓸 수가 없다.

   내가 철이 들었을 때는 이미 많은 세월이 흐른 후였다. 그때 참으로 고생이 많았다고 아내를 위로해 봐도, 아내가 겪은 태산 같은 고생 앞에서는 한낱 먼지에 지나지 않는 말이겠지.

   간혹 아내는 농담 삼아 자기가 죽으면 무슨 비석을 만들어 세워 주겠느냐고 묻는다. 그 고생을 60년이나 했으니 자신의 노고를 기리는 기념비를 세워 달라는 것이다. 그 말을 들을 때면 나는 이 세상에서 가장 귀하고 값진 비석을 세워 주겠다며 아내의 마음을 달랜다.

북한군과 교전하다

　1966년 8월 16일, 나는 국가로부터 입영 통지서를 받았다. 한국전쟁의 잔흔이 남아 있을 때라 누가 입대한다고 하면 모두가 한 마음으로 걱정해 주셨다. 내가 섬을 떠나던 날에는 온 마을 분들이 나와 환송해주셨다. 부모님께서 눈물을 흘리시자 어떤 이웃분도 같이 우셨는데, 그분의 가족 중에 전사자 혹은 상이용사가 있었던 것으로 기억한다.

　그해 여름은 30년 만에 찾아온 무더위에 가뭄까지 심각하여, 그렇지 않아도 고된 훈련병들에게는 그야말로 지옥이 펼쳐졌다. 수통은 장식이고, 열사병에 도움을 주는 소금도 쥐약이나 다름없었다. 갈증을 견딜 수 없을 때는 훈련소 옆 논두렁의 더러운 물을 퍼마시기까지 했다.

　훈련소 수료 직전 시행하는 체력 검사 종목 중에는 모래 가마니 메고 달리기가 있었다. 평소에는 내가 이렇게 힘이 센 줄 몰랐는데, 어느 순간부터 내가 일등으로 달리고 있었다. 학교 운동회에서도 한 번도 일등을 해 본 적이 없었는데 말이다. 그러고 보니 아차, 여기서 좋은 성적을 내면 힘들고 고된 부대에 배정받을지도 모른다는 생각이 퍼뜩 떠올랐다. 결국 나는 잔꾀를 부려 모래 가마니와 함께 넘어져 버렸다.

　내 잔머리가 통한 걸까. 나는 훈련소 수료 후 광주

박한양

군생활

육군포병학교에 발령받았다. 일단은 힘든 군 생활은 피한 것 같았다. 나는 그곳의 측지반에서 공부하게 되었다. 측지반은 측지 장비를 가지고 나가 밖에서 지면을 측량한 후 그 값에 따른 계산을 한다. 그리고 최종 측량 결과를 포병 부대로 보내면 포병 부대는 그 자료를 근거로 포를 작동시킨다. 전투 시에는 보병의 후방에서 전투 지원 사격만 하고, 힘든 일은 따로 없다고 했다.

공부를 마친 후 나는 최종적으로 강원도에 있는 21사단에 배치되었다. 배치 첫날밤 보초를 서는데 북쪽에서 들려오는 대남 방송 소리가 요란했다. 북쪽과 가까운 지역이니 방송 소리가 크고 선명하게 들릴 수밖에 없었다. 그렇지 않아도 초긴장 상태인 몸과 정신에 불을 붙이는 꼴이었다. 한창 간첩과 무장 공비가 내려와 대한민국 국민을 괴롭히던 시절이라, 북한군과 가까이 맞닿은 채 그들의 목소리를 듣는 것이 무섭지 않을 수 없었다.

그들은 남한 길거리에는 거지가 들끓고 여기저기에서 폭동이 일어나 사람이 살 수 없으니, 남한 국민은 위대한 영도자 김일성 품으로 와서 사람다운 삶을 살자고 소리를 질러 댔다. 어제는 몇 명이 월북했고, 오늘은, 아니 지금 이 순간에도 줄지어 월북하고 있다고 했다. 그 방송을 며칠 더 듣다간 심장 마비가 오고 정신 이상자가 될 것 같았다. 설상가상으로 날씨는 영하 20도를 오르내렸다. 게다가 곧 지금보다 더 위쪽에 있는 최전방으로 전출한다는 이야기도 들으니, 정말이지 살아서 집에 가기는 글렀다고 생각했다.

나는 제일 졸병이었고 나머지 9명은 소대장과 선임병이었다. 깊은 산골짜기에 울려 퍼지는 대남 방송 소리는 귀를 찌르는 듯했고, 강원도 모기는 억세기가 북한군보다 더했다.

밤이면 남북 사이를 오가는 총소리에 심장이 멎는 것 같았다. 살아서 제대하는 것이 불가능해 보일 정도였다. 캄캄한 하늘에 수없이 오고 가는 별똥별처럼 약 30분 동안 쉬지 않고 총알이 날아다녔다. 쿵쿵 하는 대포 소리, 따다다 박히는 소총 소리가 귀를 괴롭혔다. 나도 참호에서 머리를 처박고 방아쇠를 당겼다.

잘 때도 군복과 군화를 벗지 않고 실탄을 장전한 총을 옆구리에 끼고서 눈을 붙였다. 그러나 하룻밤에도 몇 번씩 걸리는 비상 때문에 제대로 잠들 수 없었다. 보병부대에서 북한군과 교전이 생기면 대기하고 있던 우리는 즉시 일어나 조명탄을 쏘며 교전을 도와야 했다. 가끔은 고라니, 사슴, 멧돼지 등을 북한군으로 오인하여 비상이 걸렸다. 수상한 그림자를 향해 집중 사격한 곳에 다음 날 찾아가 보면 벌집이 된 산짐승이 쓰러져 있는 식이었다.

그러나 몇 개월이 지나니 대남 방송 소리, 대포 소리, 총소리에도 조금 무뎌졌다. 나는 오전 6시면 기상해 부대 주위를 순찰했다. 간밤에 북한군이 우리 쪽에 와서 어떤

박한양

나쁜 짓을 하고 갔는지 찾아내기 위해서였다. 순찰 중에는 인명 살상용 지뢰를 밟을까 두려워 가슴이 세차게 뛰고 발이 덜덜 떨렸다.

아직 전운이 가시지 않은 시기에 최전방에서 근무하다 보니 북한군이 궁금해지기도 했다. 나는 북한군을 그림에 나오는 것처럼 머리에 뿔이 나고 등에는 포탄을 진 무서운 괴물로만 알고 있었다. 정말 그러할까? 나는 호기심을 참지 못하고 망원경을 챙겨 선임병들과 산으로 올라갔다. 가슴을 조이며 망원경으로 북쪽 산을 둘러보았다.

그러자 북한군들이 보였다! 군복을 입고 걸어 다니는 모습이 우리와 비슷했다. 아, 우리와 똑같은 모습의 인간들인데 왜 그런 나쁜 짓을 할까. 동족상잔의 비극을 일으킨 것으로 모자라 지금도 사나운 늑대처럼 으르렁대고 있으니 한심한 노릇이었다.

그리고 또 한 가지, 산허리에서 어제 보이지 않았던 물체를 발견했다. 선임병에게 물어보니 북한군의 대포라고 했다. 평소에는 산속에 감춰 두는데, 가끔씩 무슨 이유에선지 잠깐 드러냈다가 다시 숨긴다고 했다. 정말 영문 모를 괴뢰 집단이었다.

군대 생활 3년 중 2년은 주로 땅굴에서 생활했다. 함께 생활하는 부대 인원은 총 7명에서 10명 정도였다. 밤에는 함께 경계 근무를 서고, 낮에는 잡담을 나누며 가족 같은 분위기에서 근무했다. 그러나 항상 분위기가 좋기만 한 건 아니었다. 어느 날 밤 10시경 비상, 비상, 하는 소리가 들려 뛰어나가니 소대장이 손에 몽둥이를 들고 호령했다.

"모두 엎드려!"

이유도 말해 주지 않고 호통을 치던 그는 들고 있던 몽둥이로 사람들을 때리기 시작했다. 겁이 많고 소심한 나는 사시나무 떨듯이 떨고 있었는데, 마침내 내 차례가 되어 바닥에 엎드렸다. 엉덩이에 무언가가 탁 부딪히는 소리와 동시에 나도 모르게 그 자리에서 도망쳐 버렸다.

부대의 넓이는 축구장 하나 정도밖에 안 되었다. 숨을 곳이 없다는 뜻이다. 그런데 106㎜ 박격포탄을 보관하는 작은 포탄 창고가 눈에 들어왔다. 에라 모르겠다 하고 포탄 창고 안으로 조심스럽게 기어들어 납작 엎드려 숨었다. 밖에서는 나를 찾아내라는 소대장의 호통이 들려왔다. 본능적으로 도망치긴 했지만 계속 숨어 있다가 들키면 더 혼날 것 같고, 나 때문에 여러 사람이 더 큰 화를 당할까 봐 두려웠다.

결국 나는 창고에서 기어나가 소대장 앞에 무릎을 꿇고 잘못했다고 빌었다. 1초, 2초, 3초……. 얼마나 지났을까. 묵묵히 나를 내려다보던 소대장이 갑자기 몽둥이를 휙 던지면서 모두 들어가라고 소리쳤다. 모두 어안이 벙벙해진 채 내무반으로 돌아왔다.

부대원들은 이구동성으로 도대체 이 좁은 곳에 숨을 데가 없는데 어디에 숨은 거냐고 물었다. 사실대로 말했더니 모두가 입을 떡 벌린 채 웃었다. 아니, 대체 어떻게 그 무서운 곳에 숨을 생각을 할 수 있느냐고.

내 생애 가장 큰 행운

내 직업은 교사였다. 나는 남들보다 일찍 결혼하고 자식을 낳았다 보니, 하루빨리 광주 아니면 그 근처라도 발령받아야 했다. 안정적인 수입과 환경을 유지하여 아이들의 성장과 교육을 도와야 한다는 생각이 언제나 머릿속에 맴돌았다. 당시 광주에서는 10년, 광산군에서는 15년을 근무할 수 있었다.

운 좋게도 나는 1981년 3월 11일에 전남 광산군으로 발령받았다. 그때 나는 광주에 살고 있었는데, 도시락을 들고 버스를 갈아타 가며 광산군 옥동에 있는 평동초등학교로 출퇴근했다. 내 몸은 조금 힘들더라도 자식들과 함께 살 수 있다는 게 얼마나 다행인지 몰랐다.

그런데 몇 년 후, 광주시가 직할시로 승격되기 위해 인근 군의 일부를 흡수한다는 소문이 돌았다. 광산군의 일부냐, 장성이냐, 담양이냐 설왕설래했다. 교사들 사이에서는 조금이라도 광주에서 가까운 곳으로 근무지를 옮기려는 기 싸움이 대단했다. 어떤 선생님은 줄이 좋다는 둥, 어떤 선생님은 돈이 많다는 둥 온갖 소문이 돌았다. 그중 아무런 해당 사항이 없는 나는 멍해질 수밖에 없었다.

그런데 1986년 11월 1일에 광주가 직할시로 승격되더니, 1988년 내가 근무하던 전라남도 송정시와 광산군이 광주직할시에 편입됨과 동시에 광주광역시로 승격되었다. 세상에 이런 좋은 일이 있을 줄이야! 지인들은 청산도 촌놈이 출세했다며 축하해 주었다.

행운이 넝쿨째 굴러 들어온 상황에 나는 어깨가 으쓱 올라갔다. 그도 그럴 것이, 근무지가 광주에 편입되면서 앞으로의 발령지 범위가 전라남도가 아닌 광주로 한정되었기 때문이다. 가까이에서 가정을 돌보며 정년을 마칠 수 있게 되었으니 이보다 더 기쁠 수가 없었다.

아무도 모르는 나만의 고통

1971년 겨울 어느 날 밤부터 원인 모를 복통이 나에게 찾아왔다. 처음에는 새벽 네 시경이 되면 배가 아팠다. 그런데 날이 갈수록 고통은 점점 심해지고 찾아오는 시각도 빨라져 나중에는 밤 11시에도 복통이 왔다. 잠시 지나가는 증상이려니 하면서도 남들이 좋다고 소개해 준 약은 양약, 한약 가리지 않고 먹었다. 하지만 나을 기미는 보이지 않았다.

통증도 통증이지만 고통으로 인해 밤에 잠을 잘

수 없으니 낮에 잠이 오는 게 큰 문제였다. 교실에서 초롱초롱한 90개의 눈동자가 나의 일거수일투족을 주시하고 있으니 업무 도중 졸 수도 없었다.

병원에 가겠다고 교장 선생님께 말씀드리면, 교장 선생님은 "박 선생은 어디가 그렇게 자주 아픕니까?"라며 못마땅해했다. 그 누가 내 속을 알리요. 내 고통을 이해해 주는 사람이 있을 수도 없지만, 있다면 오히려 그게 더 이상할 것이다.

아픈 데는 하나인데 약은 수십 가지다. 나는 소나 돼지의 태아, 그리고 불법이지만 사람의 태반까지도 약이 된다고 하면 마다하지 않았다. 그러나 그 어느 것도 효과를 보지 못했다. 어떤 날에는 배가 아파서 날 밤을 지새우고 출근하기도 했다. 심신이 망가지고 모든 일에 의욕이 사라졌으나, 가장이 사표를 낼 수도 없는 일이었다.

잠을 잘 수 없으니 머리도 아프고 정신도 혼미해졌다. 대체 어떤 해결책이 있을까? 병원에서도 시원한 병명을 내놓지 못했다. 그저 소화제, 소염 진통제를 처방해 줄 뿐이었다. 머리가 심하게 아플 때는 교실 창 너머에 있는 쇠 파이프에 머리를 대고 식히기도 했다.

어느 날 점심시간에는 빈 교실에 들어가 눈을 좀 붙이고 있었다. 그런데 노크도 없이 문이 드르륵 열렸다. 깜짝 놀라 일어나 보니 교장 선생님이 서 있었다. 교장선생님은 얼굴빛을 붉히면서 문을 쾅 닫고 나갔다. 그리고 다음 날 아침 나를 예시로 들어 훈화하셨다. 교사들은 학생들의 안전을 위해 점심시간에도 교실을 떠나지 말아야 한다는 이야기였다.

　하고 싶은 말은 많았지만 교장에게 대들다간 불이익을 당할 수 있으니 입 밖으로 꺼내지 못했다. 이 무렵부터 전국에 교육 민주화 바람이 일었다. 전국교직원노동조합(이하 '전교조')이라는 단체가 생겨 전국의 교육 질서를 바로잡기 시작했다. 전교조 선생님들의 결연한 활동으로 교육 민주화는 진일보했고, 지금의 교사들은 교장에게도 할 말을 할 수 있게 되었다.

　내가 가르치는 학생들에게는 많은 죄를 지었다고 생각한다. 미술을 2교시 연속으로 편성해서 그림을 그리게 시키고 책상에서 잠시 눈을 붙이거나, 아이들을 밖에 데리고 나가 자습을 시키고 나는 그늘 밑에서 잠깐 쉬는 경우도 있었다. 그때 생각을 하면 지금까지도 괴롭고 스스로가 밉다. 제자들아, 미안하다. 용서해다오.

　문제는 그뿐만이 아니었다. 배가 아프니 위내시경 검사를 1년에 3, 4회는 받아야 했다. 거기에 위장약은 물론이요, 수면 부족으로 점점 약해지는 몸을 보신하기 위해 한약과 인삼, 녹용 등 건강에 좋다는 것은 모두 먹었다. 그러다 보니 내가 받는 월급보다 지출이 더 커졌다. 효과도 모를 것들 그만 먹겠다고 하면 아내는 하는 데까지 해 보자며 또다시 약을 달여 주었다. 참 고맙고 미안하다.

박한양

더 큰 괴로움은 체증이었다. 체증을 해결하는 방법은 두 가지가 있는데, 하나는 목구멍 속으로 손가락을 넣어서 먹은 것을 게워 내는 것이고 또 하나는 등과 배를 주물러 쓸어내리는 것이었다. 나는 주로 게워 내기를 택했다. 나는 한 달에 2번 이상 체했고, 체증을 처치해 주는 사람에게 주는 수고비는 5만 원이었다. 이 증상은 현대 의학으로도 밝히지 못한 미스터리인데 하필이면 내가 그 미스터리에서 벗어나지 못하고 있다.

날마다 온몸이 쑤시고 저리고, 누워 있어도 걸어 다녀도 머리는 항상 공황 상태였다. 사는 게 사는 게 아니었다. 이 세상의 모든 것이 싫었다. '이 고통에서 벗어나는 길은 오직 하나뿐, 스스로 세상을 떠나는 것이다.' 하루에도 몇 번씩 그렇게 생각했지만, 그마저도 내 마음대로 되는 게 아니었다.

9박 10일의 단식 2회

정년퇴직 후에도 복통은 계속되었다. 아버지를 보다 못한 자식들은 민간요법이라도 써 보라고 권유했다. 그래서 나는 단식을 시작했다.

첫 단식은 찬물 단식이었다. 찬물만 마시며 아무것도 먹지 않고 9박 10일을 버티는 방식이었다. 단식 기간에 원장이 주는 이름 모를 약을 먹었는데, 하루에도 몇 번씩 화장실을 갔던 걸로 보아 설사제로 추정된다. 밤에도 화장실에 가야 하니 잠을 잘 수 없었다. 그러나 고생이 무색하게도 통증은 사라지지 않았다.

두 번째 단식은 심심산골에 있는 기 수련원에서 이루어졌다. 어느 날, 막내 사위가 아주 유명한 기 수련원을 찾았으니 함께 가자고 했다. 나는 기 수련 따위의 효능을 어떻게 증명할 수 있냐고 극구 반대했지만, 사위는 수련비를 이미 지불했으니 가지 않으면 100만 원이 무효가 된다며 졸라 댔다. 어렵사리 직장에 휴가까지 내고 온 사위의 간청에 나는 할 수 없이 따라나섰다.

기차와 버스를 몇 번씩 갈아타서 기진맥진한 상태로 기 수련원에 도착했다. 첩첩산중의 수련원에는 30여 명의 사람이 모여 있었다. 수련원장이 말씀하시기를, 본래 정원은 15명이지만 인정상 떨어뜨릴 수 없어서 무리하여 모두를 받아들였다고 한다. 아무렴, 수련비가 인당 100만 원인데 그 큰돈을 뿌리칠 사람이 누가 있겠는가?

도시에서만 살아온 사람들에게는 신기할 것이 많은 환경이었다. 전깃불도 없고, 화장실도 재래식에, 방에는 구들장이 깔려 있으며, 무선 전화도 통하지 않았다.

나는 못마땅한 게 한둘이 아니었다. 첫째로 비위생적인 재래식 화장실이었다. 관리를 전혀 하지 않아서 쪼그리고 앉으면 대변이 궁둥이에 닿을 정도였다. 더욱이 소변기의 상태는 말도 안 될 정도로 엉망이라 남녀 모두 화장실에 가지 않고 노상 방뇨를 했다. 때 묻지 않은 청정 지역의 맑은 공기와 기를 받으러 왔는데 실상은 이런 꼴이라니, 한숨만 나왔다.

또 빨간 모자를 쓰고 몽둥이를 쥔 조교들은 금방이라도 사람을 내려칠 것 같은 기세로 눈을 부라렸다. 아니, 우리가 무슨 특수 훈련이라도 받으러 온 건지. 이곳의 조교들은 개개인의 체질, 체력과 나이는 전혀 고려하지 않고 참가자들을 막무가내로 대했다. 이건 정말 아니라는 생각이 강하게 들었다.

그러나 그만두고 싶다고 하면 장인을 위해 휴가를 내고 큰돈을 쓴 사위가 얼마나 실망하겠는가. 결국 나는 이 고생도 내 운명으로 여기기로 하고 입을 다물었다. 사위에게는 아직도 그때의 감상을 자세히 말하지 못하고 있다.

또 한 번은 주기적으로 부항을 뜨는 치료를 받은 적도 있다. 부항기로 공기를 빨아들여 피부를 흡착하고 피부 표면을 문지르는 방식이었다. 이곳도 막내 사위가 추천하여 일주일에 한 번씩 1년간 다녔다. 아, 정말 고통 그 자체였다. 한 번 받고 나면 일주일간 몸살이 나는데 그 몸을 끌고 다음 주에도 또 가야 했다. 1년째가 될 무렵 더는 버틸 수가 없어 치료를 그만두었다.

그런데 부항 치료를 받은 마지막 날, 집에 돌아오는

길이었다. 갑자기 현기증이 일고 잠깐 앞이 보이지 않았다.
이날부터 머릿속에서 매미 우는 소리가 들리기 시작했고,
발은 점점 차가워졌다. 지금까지도 이명은 계속되고 있으며
사계절 발이 시려서 두꺼운 양말을 신고 다닌다. 부항
치료를 받을 때 원장은 아프면 참지 말고 숨을 깊게 쉬고
내뱉으라고 했는데, 나는 주위 분들께 거슬릴까 봐 입을
꽉 다물고 소리도 숨도 참기만 했다. 이것을 부작용의
원인으로 추측하고 있다.

재능 기부

나는 우연한 기회에 광주시청자미디어센터에서 공부하게
되었다. 동영상 프로그램 강의에는 훌륭한 선생님이
계셨는데, 포토샵을 가르치는 분은 없었다.
 '그래, 그렇다면 내가 먼저 공부해서 가르쳐 보자. 남의
강의만 들을 것이 아니고, 나도 남 앞에 서서 지도하는
거야.'
 이렇게 마음먹고 센터에서 30시간의 기초 강의를
이수한 후 교재도 샀다. 말로만 듣던 독학을 직접 해 보니
보통 어려운 것이 아니었다. 누가 시켜서 했다면 크게
싸웠으리라. 그러나 내가 선택한 공부이니 포기할 수
없었다. 이것이 내 일생의 마지막 결심이라는 생각으로

박한양

ⓒ 이세현

공부에 열중했다.

  2급에서 재수, 1급에서 삼수를 하여 마침내 포토샵 강사 자격증을 취득했다. 내가 강사 자격증을 땄다고 하니 주위 분들은 신기하다며 다시 봤다고 칭찬했다. 그렇게 미디어센터에서 10년 동안 포토샵 강의 봉사를 하고 나니 또 다른 일도 하고 싶어졌다. 나의 평생의 숙원이었던 건강과 관련된 일이면 좋겠다고 생각했다.

  무엇을 해볼까 고민하던 나는 지인의 추천으로 탁구를 시작했다. 동네 복지관에 있는 탁구장에서 첫 출발을 했는데, 처음에는 체력이 부족하여 남들처럼 뛰지 못하고 허우적거렸다. 그래도 2, 3년 동안 열심히 했다.

  내가 탁구의 기초를 어느 정도 터득했을 무렵이었다. 나이 드신 분들이 탁구를 배우겠다고 모여들었는데 복지관에는 노인들을 위한 강사가 따로 없었다. 그 모습을 본 나는 같이 운동도 할 겸 그분들께 탁구를 가르쳤다. 그러자 더 많은 사람이 너도나도 배우겠다며 몰려들었다. 나는 차마 그 사람들을 뿌리치지 못하고 코피까지 흘려가며 3년 동안 탁구 강습을 했다. 물론 무보수로.

  지금 그때를 생각하면 웃음이 나온다. 나도 탁구를 잘하지 못했으면서 대체 무슨 용기였을까? 역시 나는 가르치는 일이 천직인가 보다.

박한양

ⓒ 이세현

외손자 안상우

막내딸은 나를 잘 따르는 아이였다. 그런 막내가 첫아이를 낳던 날 병원에서 전화가 왔다. 산모가 나를 찾고 있으니 빨리 와 달라나. 허겁지겁 달려가니 막내는 산실에서 고통을 호소하면서도 나를 반겼다.

"아빠, 어디 가지 말고 여기 있어."

좀 쑥스러웠지만 산모에게 도움이 된다고 하니 나는 막내가 해산할 때까지 자리를 지켰다. 얼마 후에 아기가 으앙 하고 우렁차게 소리를 지르며 얼굴을 내밀었다. 내가 세상에서 가장 먼저 아이를 맞이한 것이었다. 그 아이가 안상우이다.

막내 부부는 맞벌이하는 처지라 아기를 돌봐 줄 사람이 필요했다. 마침 둘째가 제 조카를 돌봐 주기로 하여 다행이었다. 나는 퇴근길에 막내의 집에 들러서 손주를 보고 가곤 했다. 여느 때처럼 손자를 보고 나오려는데, 상우가 소리를 지르며 나에게로 달려왔다. 장난삼아 "상우야, 할아버지와 외갓집에 갈까?" 했더니 아기가 활짝 웃으며 나에게 안겼다.

상우가 태어나고 2년 후, 막내가 둘째를 낳아서 상우는 우리 집에서 맡게 되었다. 처음에는 막내 부부가 매일 밤 아기를 데리러 왔다. 그런데 상우가 점점 자기 집에 가지 않으려고 했다. 부모가 데리러 오면 여기저기 숨기 바빴다.

그때부터 상우는 평일 내내 우리 집에서 지냈다. 주말에도 집에 가지 않으려 울고불고하니 억지로 떼어 내서 보내야 했다. 머지않아 막내 부부는 백기를 들었다. 상우를 아예 우리 집에서 살게 두고, 아들이 보고 싶으면 자신들이 찾아와서 보고 갔다.

내 퇴근이 늦어지는 날이면 어김없이 상우에게서 전화가 걸려 왔다.

"할아버지, 어디야? 어딘데 아직도 안 와?"

매번 그렇게 성화였다. 모임이 있을 때는 집에 들르지도 못하고 밖에서 시간을 보내다가 곧장 약속 장소로 가야 했다. 집에 들렀다가 다시 나가려고 하면 상우가 나를 못 가게 막거나 따라나서기 때문이었다. 상우는 할아버지가 제일 좋단다.

상우는 집에서 동화책을 보거나 공부할 때도 내가 꼭 옆에 있어야 했다. 그랬던 아기가 장성하여 지금은 국군간호사관학교에 다니고 있다. 여전히 자주 통화하는데, 그때마다 상우는 자기 임관식에 꼭 오셔야 한다고 당부한다.

4년 후면 내 나이가 여든 셋이다. 그래, 꼭 가야지. 상우 때문에라도 건강 관리는 필수가 됐다.

박한양

손자 안상우

할아버지와 외할아버지

1995년에 아들이 일본으로 연수를 갔다. 귀국 예정일이 다가왔을 무렵, 아들에게서 전화가 걸려 왔다.
"아버지, 저 이곳에서 좀 더 머무르며 공부하고 싶습니다."
깜짝 놀랐다. 며칠을 곰곰이 생각해 보니, 어떤 자식은 부모가 공부를 시켜 줘도 싫다고 하는데 스스로 그 어렵고 힘든 공부를 더 해 보겠다는 것이 대견했다. 그런데 문제는 돈이었다. 나는 아들의 고생을 예감하면서도 고심 끝에 결국 허락했다. 나도 힘들었지만 아들은 더욱 고생했다. 그렇게 와세다대학에서 석사 학위를 받고 직장 생활을 하던 아들은 2010년에 귀국했다.

귀국 후 광주 삼성 공장에서 일본인 통역사로 근무하던 아들이 어느 날 내게 작은 수첩을 내밀었다. 이게 뭔가 보니 막내가 임신했을 때 보여 준 산모 수첩과 똑같았다. 나이가 마흔 둘이나 됐으니, 아들은 내심 빨리 부모님께 손주를 안겨 드려야겠다는 부담을 가지고 있었던 것 같다. 상우의 동생인 현진이가 유치원을 다닐 때였다. 그때까지 혼자였던 아들이 갑자기 산모 수첩을 내밀다니, 하마터면 기겁할 뻔했다. 아들은 넉살 좋게 웃으며 말했다.
"아버지, 한잔하셔야지요."
"그래, 이런 경사가 또 어디에 있겠느냐. 한 잔 기울여 보자. 그런데 이 녀석아, 이렇게 갑자기 사고도 아주 대형 사고를 쳤구나!"

이전까지 우리 부부에게는 외손자만 6명이어서 나는 내심 아쉬워하고 있었다. 외할아버지란 말만 자꾸 듣다 보니, 외자 빼고 그냥 할아버지라고 불러 주면 좋겠다는 생각도 했다. 그런데 드디어 아들에게 아기가 생긴 것이다. 2014년, 마침내 내 성씨를 물려받은 예쁜 친손녀가 태어났다. 지금은 두 손주가 할아버지, 할아버지 하고 불러 줘서 무척 행복하다.

내가 영원히 잠들 곳

지난 5월에 가족묘를 마련했다. 내가 벌써 죽어서 누울 자리를 준비할 때가 됐구나, 이왕이면 내가 직접 선택하자. 그런 마음으로 광주 시립 망월동 공원묘지에 묏자리를 마련해 놓았다. 그래, 영문 모를 고통에 시달리며 한때 세상을 싫어했던 내가 이만큼이나 살아온 것은 기적이다! 지금의 나는 죽음에 대한 두려움이나 불안함도 없이 안식할 날을 기다리고 있다.

박형기 朴亨基 이야기

저는 전남 장흥에서 1955년 2월 1일에 태어났습니다.

저는 2015년 61세에 공인중개사 자격증을 취득하고 2017년 광주광역시 동구 학동에서 개업하여 부동산 중개 업무를 하고 있습니다. 매일 새벽 무등산 증심사 앞까지 산책하며 물소리 새소리 바람 소리를 듣습니다. 하느님께 찬미와 감사를 드리며 지냅니다.

사랑하는 나의 가족에게

사랑하는 나의 아내 윤성자 님, 사랑합니다. 나는 당신의 도움으로 다른 사람들이 하지 못한 큰일을 용감하게 할 수 있었습니다. 가치 있는 일들이었기에 당신에게 감사를 드립니다. 나의 소중한 아들, 딸. 너희들이 이 세상에서 꼭 필요한 사람이 되도록 해 달라고 나는 날마다 하느님께 기도한다. 너희들은 하느님의 보호하심으로 꼭 그렇게 될 것이다. 서로 사랑하며 화목하게 산다면 나는 기쁘겠다.

나의 인생관

정의, 공정, 존중

출생 및 성장기

나는 1955년 2월 1일 아버지 박채삼과 어머니 김계란의 장남으로 전남 장흥군 부산면 구룡리 753번지 자미마을에서 태어났다. 아버지는 가난한 집안의 차남이어서 부모로부터 경제적 도움을 받지 못해 초등학교 졸업 이후에는 이웃 마을 부잣집 깔땀살이(땔나무나 꼴을 베는 일을 하는 어린 머슴을 뜻하는 '꼴머슴'의 전라도 방언)를 하면서 성장했다. 아버지께서는 학교에 가지 못하더라도 배움에 대한 열의가 있어서 낮에는 일하고 밤에는 주인 양반의 아들들과 함께 한학자인 주인으로부터 한문 수업을 받았다. 아버지께서는 1954년에 김계란 여사와 결혼하여 1955년 초에 아들을 얻었는데 그가 필자이다.

나는 할아버지의 귀여움을 독차지하며 자랐다. 식사 시간마다 할아버지 옆에서 밥을 먹었고, 할아버지의 장기판에 끼어들어 응석을 부리기도 했다. 그때는 식량난이 한창이라 보리밥도 없어서 못 먹을 지경이었는데 할아버지 밥상만큼은 쌀알이 보이는 밥이 올라왔다. 그 당시 쌀밥이 얼마나 맛있어 보였는지 어린 마음에 흰 쌀밥 한 번 먹는 것이 소원이라고 생각할 정도였다. 할아버지는 손자의 마음을 알아서 그랬는지 당신의 밥그릇에서 한 숟가락 크게 밥을 떠서 손자의 밥그릇에 얹어 주셨고 나는 그 밥을 맛있게 먹었던 기억이 생생하다. 할아버지의 사랑 속에서 나는 동네에서도 똑똑하고 영리하다는 칭찬을 받으며 성장하였다.

초등학교 입학

1961년 3월 초순, 나는 전남 장흥군 부산면 부산초등학교에 입학하였다. 나는 1955년 2월생이므로 1962년에 입학을 해야 맞지만, 동네 친구들이 부모님 손을 잡고 학교에 간다고 하기에 홀로 그들을 따라서 부산초등학교에 갔다. 한 선생님이 입학생들의 이름을 부르며 줄을 세우고 있었다. 나는 혼자 기다리고 있다가 자미마을 출신 선생님을 발견해 그에게 다가가서 나도 입학시켜 달라고 말했다. 그렇게 해서 이른 나이에 입학하게 되었다.

초등학교에 입학한 후 2학년까지는 너무 어려서 학교 수업을 따라가기 힘들었던 기억만 있다. 3학년 이후 아버지께서는 나에게 붓글씨 공부를 시켰다. 매일 아침 일찍 일어나서 붓글씨를 한 장씩 연습한 후 밥을 먹고 학교에 가도록 하였다. 어느 날 아침에 게으름이 난 내가 붓글씨를 쓰지 않고 밥을 먹으려 하자 아버지께서는 나를 회초리로 때리며 붓글씨 연습 후 밥을 먹도록 한 일도

젊은 시절이 두번 오지 않고
하룻날 새벽이 두번 오지 않으니
때를 놓치지 말고 힘쓸지어다
- 주자 -

붓글씨

있었다. 그렇게 엄격하게 연습시키면서 명필로 이름난 한석봉 등의 일화를 이야기하셨고, 아들이 장차 명필의 꿈을 그리며 성장하도록 이끄셨다. 그러나 나는 열심히 붓글씨 연습을 했지만, 손재주가 좋지 못하여 명필이 되지 못하였다. 학교 다니는 중에 틈틈이 글씨를 써 보려고 시도했으나 뜻대로 되지 않았고 사회생활을 하면서는 붓글씨를 연습할 기회를 마련하지 못했다. 그러나 지금도 붓글씨 연습에 대한 미련이 남아 있다.

중학교 과정, 고등학교 입학시험 실패, 여수수산고등전문학교 입학

장흥중학교는 1967년 입학 당시 장흥고등학교와 한 교정에 있었다. 장흥고등학교는 전라남도 인문계 고등학교 중에서 목포고등학교, 순천고등학교와 맞먹을 정도의 실력을 갖춘 학교로 이름나 있었다. 나는 초등학교 때에는 성적이 상급 수준이었는데, 중학교 때에는 중상 정도를 유지하면서 힘겹게 친구들과 경쟁하였다. 그래도 서울의 고등학교에 입학할 욕심으로 영어 과외도 받으며 나름대로 열심히 공부했다.

중학교 1학년 때까지 나는 장흥읍까지 5km를 2시간씩 걸어서 통학했다. 2학년부터는 그 시간을 아끼기 위해 아버지께서 장흥읍에 있는 친척 집에서 학교에 다닐 수 있도록 해 주셨다. 아버지는 공부를 잘해서 좋은 학교를 나와 훌륭한 사람이 되라고 틈만 나면 강조하셨으며 아들이 잘되도록 하기 위해 어머니와 함께 온갖 어려움도 다 극복하셨다. 농번기 땐 삯일꾼을 부르지 않고 손수 일하며 돈을 아끼셨고, 달이 뜬 밤엔 어머니와 주무시지 않고 새벽까지 일하셨다. 나도 부모님을 돕기 위해 보리타작을 하고 모내기를 하는 등 최선을 다했지만, 부모님만큼 일하지 못하고 지쳐서 숨을 헐떡였던 기억이 있다. 당시엔 내가 빨리 커서 고생하시는 부모님을 편안히 모셔야겠다고 수도 없이 다짐하곤 했다.

어머니께서도 아들이 공부를 잘해서 훌륭한 일을 할 것이라는 믿음을 가지고 내 뒷바라지를 열심히 해 주셨다. 한겨울이면 아들의 학교 등록금을 마련하기 위해 추운 방에다 베틀을 차려 놓고 밤낮으로 베를 짜셨다. 그 베 짜는 소리가 겨우내 작은방에 울려 퍼져서 나의 귀에 선명하게 새겨졌다. 딸각~ 딸각~ 딸가닥 딱~ 마치 자장가 소리처럼 울리는 베틀 소리를 들으며 나는 잠이 들곤 하였다. 꿈속에서도 그 소리를 듣기도 했다.

나는 반에서 중상위권 성적으로 중학교를 졸업하고 서울에 가서 1개월간 학원에 다닌 후 고등학교 입학시험을 봤는데, 전기 후기 모두 낙방했다. 그때 받은 상처로 희망을 잃고 극단적인 생각까지 하면서 몸살을 앓았는데 부모님은 오히려 그런 아들을 안심시키며 다시 일어설 수 있도록 격려해 주셨다. 그때 마침 여수 시내의 수협도지부에 근무하던 큰아버지께서 여수수산고등전문학교에 1명이 입학할 수 있다고 하면서 나를 입학시켜 주셨다. 그래서 나는 수산고등전문학교에 다녔고 생각지도 못한 해양 수산인의 길을 걷게 되었다.

여수에서 보낸 5년간의 학교생활은 큰아버지의 인도로 시작되었지만, 큰아버지는 내가 입학하고 6개월 만에 서울 수협중앙회로 근무처를 옮겨 가셨다. 나는 사막에 던져진 한 마리 거미처럼 외로이 학교에 다녀야 했다 1, 2학년은 하숙했고 3, 4, 5학년은 자취를 했다. 그래도 내가 여수에서 기댈 수 있는 곳이 한 곳 더 있었다. 이모할머니, 할아버지 댁이었다. 이모할머니는 나를 친손자처럼 보살펴 주셨고 제 아들들에게 주는 용돈을 나에게도 간혹 주면서 용기를 북돋아 주셨다. 그분들의 은덕은 마치 부모님의 은혜와 같아서, 나는 오래도록 감사한 마음을 잊을 수 없었다. 그래서 학교생활을 마치고 해상생활을 하던 중에 이따금 여수를 방문하여 이모할머니와 할아버지를 찾아뵙고 준비한 선물을 드리며 감사함을 표시하였다.

여수수산고등전문학교는 바다를 주 무대로 하는 학교라서 선후배의 위계질서가 엄격했다. 1학년 신학기가 시작된 직후, 나는 '1년 선배는 하느님과 동창.'이라는 구호를 외워야 했고, 1학기 동안엔 선배들에게 헤아릴 수 없이 매를 맞으며 학교생활에 적응했다. 이 과정은 폭력의 강도 차이가 있었을 뿐, 최고 학년인 5학년이 되기 전까지 계속되었다. 1년 선배는 하느님과 동창이라는 그 관행은 학교 졸업 후 사회생활을 시작해서도 계속 유지되었다. 선후배 관계가 이토록 엄격했던 것은 졸업 후 바다에서 생활할 때 명확한 위계질서 아래 단결해야 살아남을 수 있기 때문이었으리라.

   나는 학교 수업 이후엔 틈나는 대로 도서관에 가 독서를 했다. 도서관에 가면 고전 문학 전집과 유명한 소설, 시집 등 볼 수 있는 책이 많이 있어서 고독할 시간이 없었다. 그때 읽었던 책 중에서 기억에 남는 것은 마거릿 미첼의 『바람과 함께 사라지다』, 에밀리 브론테의 『폭풍의 언덕』, 헨리크 시엔키에비치의 『쿠오바디스』, 톨스토이의 『부활』, 세르반테스의 『돈키호테』 바이런의 『연애 시』 등 무척 두꺼운 책이었는데도 지루한 줄 모르고 재미있게 읽었다.

   방학 때와 농번기에는 시골집에 와서 부모님의 일손을 돕고 고향 친구들과 등산하는 등 의미 있는 취미 생활을 하면서 학창 시절의 시간을 소중하게 보냈다. 나는 한여름 벼가 자라고 있는 논에 들어가서 아버지를 따라 김매기 작업을 하였는데, 그땐 특별한 장비가 없어 손가락에 대나무 가락지를 끼고 논바닥에 자라고 있는 풀을 손으로 뽑아내야 했다. 그래서 작업을 마치면 허리가 무척 아팠다. 아버지를 돕지 않으면 나는 편안하겠지만, 아버지 혼자서 그 넓은 논바닥에 있는 풀을 손으로 제거하며 온종일 기어 다녀야 하니 얼마나 힘드시겠는가. 나만 편하면 안 된다는 생각이 들자 모르는 체할 수 없었다. 그렇게 종일 아버지를 따라 논바닥을 기어 다니고 나면, 나는 녹초가 되어 나가떨어졌다. 그러나 힘이 들어도 아버지를 따라서 하루를 견뎌 냈다는 것과 나로 인해서 아버지께서 조금이라도 편안하셨을 거라는 생각으로 마음은 편했다.

원양어선 항해사로 사회 첫발을 내딛다

수산고등전문학교 5학년 때에는 항해사 면허 시험을 봐서 자격증을 취득해야 취업이 되므로 1년 동안 도서관에 다니면서 열심히 공부했다. 항해사 자격시험은 굉장히 어려워 사법 시험 준비하듯이 1년간 도서관에 박혀서 머리를 싸매고 공부해야 했다. 그 결과 나는 1974년 12월에 목포해양대학교에서 치른 어선 갑종 이등 항해사 자격시험에 통과해 면허증을 취득하였다.

1975년 8월 초순에 나는 아버지 지인으로부터 동원산업을 소개받고 동원산업 부산지사에 이력서를 제출하여 8월 하순에 합격 통보를 받았다. 동원58호에 삼등 항해사로 배정 받았는데 출국하기 위해서는 반드시 군필자여야 했다. 그러나 나는 1975년부터 시행된 특례보충역 제도의 첫 대상자로서 지방병무청장이 발행하는 병적확인서가 있으면 출국이 허용되었다. 나는 광주지방병무청에 마침 아버지 지인이 근무하고 있어서 그분의 도움으로 병적확인서를 발급받았는데 그 과정에서도 마음고생했던 기억이 있다. 아는 사람이 없거나 급행료가 아니면 순조롭게 해결되는 일이 하나도 없으니 이것이 사회생활이라는 것인가!

　나는 1975년 8월 25일 부산 서구 충무동 선착장에서 인도양 어장으로 출항하였다. 오후 6시경에 손을 흔드는 가족들에게 나도 손을 흔들어 화답하며 선착장을 뒤로하고 항해를 떠났다. 해는 어느덧 서산으로 뉘엿뉘엿 넘어가고 있었다. 나는 '아! 이제부터 나도 돈을 벌 수 있으니 부모님을 편안하게 모실 수 있을 것이며 또 나 때문에 학교에 가지 못한 동생들도 학교에 보내 줄 수 있겠구나.'라고 생각하였다. 그렇게 부푼 꿈을 안고 인도양 참치잡이 원양 어선 생활이 시작되었다.

　내가 탑승한 원양 어선은 1년간 바다에서 참치를 잡아, 어창이 가득 차면 귀국해 일본으로 직접 수출하는 독항선 형태였다. 배의 크기는 300~400톤이었고 선원은 선장을 포함하여 25명 내외였던 것으로 기억한다. 항해사의 임무는 하루에 세 번씩 배의 위치를 측량하여 배가 정상적으로 움직이고 있는지를 확인하고 또 선장의 지시에 따라 선원들을 지휘하는 것이었다. 고기잡이를 할 때는 갑판장 이하 하급 선원들이 갑판에서 주낙 어구를 이용하여 고기를 잡았다. 하루에 한 번씩 투승과 양승을 했는데 고기가 많이 잡히는 날은 항해사나 기관사 모두가 달려들어 선원들의 일손을 도왔다. 한 어장에서 작업 기간은 보통 7~10일정도 이루어지고 새로운 어장을 찾아 하루 동안 이동하면서 선원들은 휴식을 취했다.

    부산에서 인도양 어장까지는 보통 20여 일 정도 걸리는데, 10일쯤 걸려 도착하는 싱가포르항에 들러 기름과 부식을 보급받았다. 이 구간은 항상 태풍이 발생하여 출국과 귀국 때는 그 속을 뚫고 항해해야 했다. 바다는 거칠게 파도치며 신음하고 해발 500미터 높이의 물 덩어리가 연달아 배를 향해 돌진해 왔다. 배가 그 파도에 부딪히면 꽹과리나 징 안에 갇힌 것처럼 철판이 웅웅 울려 소름이 끼쳤다. 넋이 나갈 만큼 무서운 순간이었지만, 2~3일이 지나면 태풍에서 벗어나 목적지를 향해 콧노래를 부르며 달려 나갔다.

    내가 삼등 항해사로 근무한 지 1년이 지날 무렵, 선장의 계약 기간이 종료됨과 동시에 나는 1년분의 급료를 받았다. 약 48만 원을 받았는데 그 절반인 24만 원을 서울에 계신 큰아버지께 드렸다. 그것으로 여수에서 6개월 동안 큰아버지께 받았던 용돈을 갚아드린 셈이 되었다. 그다음 항차는 일등 항해사였던 사람이 동원58호의 새로운 선장이 되면서 시작되었다. 그런데 1년간 근무했던 이등 항해사가 몸이 아파 하선하는 바람에 삼등 항해사였던 내가 일등

ⓒ 전승연

항해사로 승진했다. 새로운 선장은 내 고등학교 7년 선배이기도 했다. 그런데 그는 성격이 온순하고 순종적이었던 나를 장난감 취급하며 학대하기 시작했다. 그 정도가 너무 심하여 나는 정신병자가 될 지경에 이르렀다. 그러나 배 안에서는 반항할 수 없으므로 묵묵히 참고 온갖 수모를 겪으며 1년을 버텼다. 그런데 그 1년 동안 고기가 많이 잡히는 바람에 하루 수면 시간 4시간 중 2시간씩 나누어 자면서 일하였고, 잠자는 시간 이외에는 종일 학대 받았다. 그러다 보니 몸은 비쩍 말랐고 정신은 긴장의 연속을 견디다 못해 짐승처럼 변해 갔다. 나는 그때 '내가 군대를 가는 한이 있더라도 이러한 선장 밑에서 계속 근무할 수는 없다. 계속 근무하다 보면 내 생명이 위태로울 수 있다.'라고 생각해 귀국 날만 기다리면서 죽기 살기로 버텨냈다. 보통 1년 또는 1년 2개월 정도 걸려서 귀국했는데 그때는 고기가 잘 잡혀서 기간이 단축되어 10개월 만에 귀국했다. 그리고 나는 미련 없이 그 배에서 하선해 버렸다. 그 때문에 계약 기간을 채우지 못해 성과상여금을 한 푼도 받지 못하였다.

    그해 동원58호에서는 실제로 위태로운 순간이 너무나 많이 있었다. 한 번은 야간작업 도중에 선장이 배를 잘못 몰아서 주낙 어구의 줄이 스크루에 칭칭 감겨 배가 정지되었다. 이럴 때는 누군가 날카로운 칼을 들고 바다에 들어가서 스크루에 감긴 로프를 한 가닥씩 잘라내야

배가 움직일 수 있었다. 하지만 인도양 한가운데는 사람 크기보다 더 큰 상어들이 우글거려서 야간에 스크루 지점까지 불빛을 내리고 사람이 들어가 로프를 제거하는 일은 목숨을 걸어야 할 만큼 위험했다. 선원들은 누구도 물속으로 들어가려고 하지 않았다. 나는 일등 항해사로서 배를 움직일 수 있도록 해야 한다는 생각에, 내가 물속에 들어가겠다고 했다. 선장은 그때 나에게 고맙다며 무사히 로프 제거 작업을 마칠 수 있도록 배 위에서 충분히 상어들을 방어해 주겠다고 약속했다.

나는 한밤중에 잠수 마스크를 쓰고 한 손에 날카로운 칼을 든 채 사다리를 타고 수면 위까지 내려갔다. 파도가 내 무릎을 치자 겁이 났다. 그러나 로프 제거 작업은 반드시 해야 했으므로, 나는 무신론자였지만 자연히 하느님을 부르며 이렇게 기도했다. '하느님, 저는 비록 하찮은 사람이지만 앞으로 제가 쓸모 있는 인간이라면 살려 주십시오. 그러나 쓸모가 없다면 차라리 고기밥이라도 되게 하여 고기들에게 좋은 일을 하도록 해 주십시오.' 그 뒤 풍덩 물속으로 들어가 스크루를 휘감고 있는 로프를 한 가닥씩 잘라내었다. 배 위에서는 선원들이 장대 끝에 전등불을 달아서 스크루 쪽을 비추었고 다른 선원은 빨간 깃발을 단 장대를 물속에 넣어 상어들이 접근하지 못하도록 휘젓고 있었다. 주변을 둘러보니 몸집이 큰 상어 다섯 마리 정도가 내 곁을 돌아다니고 있었다. 그러나

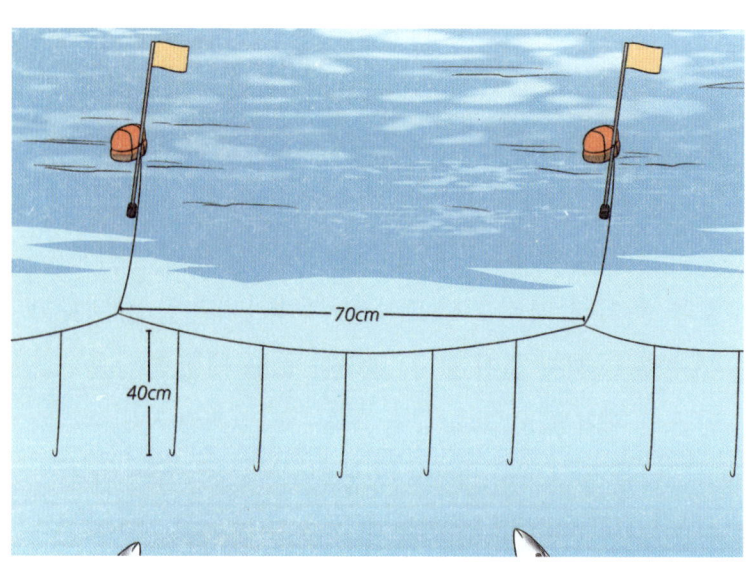

박형기

© 전승연

나는 아랑곳하지 않고 침착하게 로프 제거 작업을 1시간 만에 끝마쳤다. 내가 수면 위로 모습을 드러내자 위에서 내려다보고 있던 선장과 선원들이 환호성을 지르며 박수를 보내 주었다. 나는 선원들의 부축을 받으며 배 위로 올라와 그대로 쓰러졌다. 녹초가 되어 몸을 가눌 수 없었다. 선장은 조니워커 위스키 한 병을 가져다주었고 나는 그것을 받아 물 마시듯이 마셨다. 그리고 잠들었다. 지금도 그 순간을 생각하면 내가 상어 밥이 될 뻔한 아슬아슬한 장면이 떠오른다.

그렇게 성심성의껏 일해 주었음에도 내가 부산항에 도착한 후 배에서 내리자 선장은 나를 모르는 체했다. 참으로 아쉽고 섭섭했지만, 나도 더 이상 그런 사람과 상종하기 싫어 하선했다. 그 후 2개월 이내에 다른 배에 승선하여 출국하지 않으면 영장이 날아오게 되므로 나는 서둘러 다른 원양 어선을 찾아 승선했다. 유니코리아라는 회사의 원양 어선이었다. 나는 그곳에서 1년, 오양수산에서 3년을 근무하며 특례보충역 기간을 마쳤다. 그러나 1979년 이후 제2차 석유 파동이 일어나서 고기값이 폭락하였고 3년 계약 기간 이후 정산해 보니 상여금이 얼마 되지 않았다. 큰돈을 벌겠다는 내 꿈은 이루어지지 않은 셈이었다.

성경 말씀, 함석헌 선생님

나는 원양어선 생활 4년 차인 1979년부터 하고 있던 일에 대하여 깊이 생각하였는데, 돈벌이가 되지 않는 해상 생활을 계속하는 것이 옳은가? 하는 의문이 들기 시작했다. 항해사 면허증을 따기 위해 공부를 열심히 했는데 공부한 만큼의 보상과 보람도 없으니 내가 하는 이 일은 누구를 위한 것인지 회의감이 들었다.

그런 생각을 하니 잠도 오지 않고 미래에 대한 걱정만 쌓여 갔다. 우울증에 걸릴 것 같았다. 이런 상태가 계속되면 사고를 낼 수 있겠다 싶어 나는 선내에 있는 책을 모조리 찾아서 무작정 읽기 시작했다. 하는 일이 고달파 피곤했지만, 고민으로 잠을 이루지 못하니 책이라도 읽어서 그 고민으로부터 탈출하고 싶었다. 그때 읽은 책 중 가장 감명 깊었던 것은 『성경』이었다. 무슨 내용인지도 모르고 매일 틈나는 대로 읽어 2개월 만에 완독했다. 그리고 나는 결심했다. '만약, 내가 살아서 육지에 되돌아가면 나는 반드시 하느님의 제자가 되어 하느님의 말씀을 잘 실천하는 사람이 되겠다.'

또 다른 책은 함석헌의 『뜻으로 본 한국역사』와 『죽을 때까지 이 걸음으로』였다. 함석헌 님의 두 책은 역사 철학서와 자서전이었는데 나의 세계관과 인생관을 형성하는 시기에 강력한 영향을 주었다. 그래서 '내가 살아서 육지에 돌아가면 제일 먼저 함석헌 선생을 찾아뵙고 큰절을 올려야겠다.'라고 마음속으로 다짐했다.

그때 그런 생각을 하지 않고 계속 배를 탔다면 나는 지금도 바다 위에서 고기를 잡고 있지 않을까. 대한민국의 대통령이나 국회의원들이 무슨 짓을 하든지 상관하지 않고 '나랏일인데 어련히 알아서 하시겠는가? 모두 국민의 안녕과 행복을 위한 일이겠지! 나 같은 사람은 그저 위에서 시키는 대로 하고 주는 대로 받아먹으며 군소리 없이 따라만 가면 된다.'라고 생각하며 그날그날의 형편대로 살아가고 있을 것이다. 그러나 나는 굳게 결심을 한 후 1981년 2월에 해상 생활을 마무리 지었다. 육상 생활을 하기로 마음을 고쳐먹은 것이었다.

사람은 언제 행복감이나 보람을 느낄까? 돈을 많이 벌었을 때? 높은 자리에 올랐을 때? 좋은 명예를 얻었을 때? 물론 해상 생활을 하는 동안 그런 순간에 기분이 좋고 보람을 느낀 적도 있었다. 그러나 그 순간뿐이었다. 시간이 지나면서 행복과 보람은 사라지고 그러한 것들이 오히려 거추장스럽게 느껴졌다. 진정한 행복은 안정된 땅 위에 집을 짓고 부모, 형제, 친구들, 사랑하는 사람과 함께 오순도순 살아갈 때 오래 유지되는 것이라고 생각했다. 1981년 2월 이후 지금까지 육상 생활을 하면서 힘든 일도 많이 있었다. 하지만 해상 생활을 정리한 것을 후회하거나 다시 배를 타러 바다로 되돌아갈 생각은 한 번도 한 적 없었다. 나는 나의 해상 생활 동기들보다 돈은 더 많이 벌지 못했지만, 더 빠르게 육상 생활에 적응하며 안정된 생활을 하였다.

결혼

1979년 12월 5일, 나는 광주 현대예식장에서 결혼식을 올렸다. 물론 해상 생활 도중이었으며 그해 11월 중순에 부산항에 입항한 이후 잠깐 틈을 내어 결혼식을 한 것이었다. 나와 아내인 윤성자 님은 1973년, 여수수산고등전문학교 4학년 재학 시절에 알게 된 사이었다. 내가 학교를 졸업하고 해상생활을 할 때까지 5년간 편지를 주고받았고, 사랑하는 사이로 발전했다. 그러나 우리 사이는 낭만이 넘쳐흐르는 한가한 관계가 아니었다. 학교에 다닐 때는 내가 항해사 면허시험 준비로 바빴고 졸업 후에는 1년에 한 번씩 부산항에 들어와서 1개월 정도 머물다가 다시 출항해야 하는 뱃사람이었기 때문이다. 그래서 그녀와의 만남은 항상 아쉬운 가운데 이별하고, 다음 만남까지 오래 그리워해야 하는 기다림의 연속이었다.

나는 부산항에 입국할 때쯤 그녀에게 귀국 날짜를 알리는 전보를 보냈고, 그녀는 나를 만나기 위해 부산

고속버스 터미널에 와 있었다. 그러나 예정된 날짜에 부산항에 도착해도 입국 수속을 하면서 10시간 정도가 소요되니 정확한 약속 시간을 정할 수 없었다. 내가 부산 충무동에 배를 정박시키고 부랴부랴 부산 고속버스 터미널에 달려가면 그녀는 이미 대여섯 시간 동안 목이 빠지게 나를 기다리다 지쳐 있었다. 그러나 그녀는 나에게 푸념의 말은 한마디도 하지 않고 그저 반가워하며 기쁘게 맞이해 주었다. 나는 그녀를 향한 미안함과 그리움, 그에 비례한 반가움과 감사, 기쁨을 주체하지 못해 눈물을 흘렸다. 우리는 두 손을 맞잡고 아무 말도 하지 못한 채 서로 바라보기만 했다. 우리의 사랑은 바쁜 와중에도 조금씩 커갔고, 세월이 흘러 1978년 12월 약혼, 1979년 12월에 결혼했다.

   나의 아내가 된 윤성자 님은 학교 졸업 후 전남대학교병원에 간호사로 취업하여 안정된 직장을 가지고 있었다. 당시 나는 그녀의 결혼 상대가 되기에는 다른 사람보다 부족하였다. 그러나 그녀는 나를 끝까지 기다려 주었고 나에게 무한한 사랑을 보내 주었다. 그래서 나는 그녀를 믿고 결혼을 결심할 수 있었다. 그녀는 내가 하는 일은 무엇이든지 찬성하며 물질적, 정신적으로 도움을 주고 하는 일마다 잘 되기를 빌어 주는 나의 진정한 동지였다. 1981년 2월 이후 내가 육상 생활을 순조롭게 할 수 있었던 것도 그녀의 적극적인 응원이 있기 때문이었다.

박형기

1979년 12월, 아내와 시골집에서

힘든 삶의 고비마다 아내의 도움이 없었으면 내가 어떻게 살아남을 수 있었을 것인가! 아내 덕분에 지금의 내가 있을 수 있었으니 윤성자 님, 당신에게 진정으로 감사함을 표시한다.

장흥성당에서 세례를 받다

나는 1984년 12월 21일 토요일에 장흥성당에서 세례를 받았다. 바다 생활 중에 나는 이미 신앙을 결심한 바가 있었지만, 장흥군청 공무원이 된 지 3년 차에 아직 사무실 일을 완전히 익히지 못한 터라 망설였다. 그래도 아내의 권유로 교리를 배우기 시작했고, 신부님과의 면담 과정을 통과한 뒤 영세를 받았다. 그렇게 나의 신앙생활은 시작되었다. 사회생활의 어려운 고비마다 기도하며 어려움을 이겨 내려 노력했고 신앙에 많은 도움을 받았다. 신앙생활은 지금까지도 나의 일상에서 중요한 부분을 차지하고 있다.

공무원 임용, 근무

해상 생활을 마치고 육상 생활을 하려고 보니 내가

익혔던 해상의 여러 가지 기술은 육지에서 사용할 수 없었다. 그래서 고민 끝에 다양한 사람을 만나고 경험을 쌓을 수 있는 공무원을 5년 정도라도 하자 생각하고 공무원 시험을 준비하였다.

   1981년 7월 중순에 나는 7급 행정직 시험을 치렀으나 근소한 차이로 떨어졌다. 하반기엔 초조와 불안 속에서 계속 시험공부를 하고 있는데, 1981년 11월 6일, 임신 중인 나의 아내가 해산하여 아들을 낳았다. 기쁜 소식이지만 한편으로는 가장으로서의 무거운 책임감이 엄습해 오는 일이었다. 아들이 태어나 아랫목에서 울고 있는데 가장이라는 사람이 아무 소득 없이 공무원 시험 준비를 하고 있으니 나 자신이 도저히 용납되지 않았다. 건설 공사 현장에라도 달려가서 돈을 벌어야 할 것 같았다.

   앞으로 1년 정도 시험 준비를 하면 행정직 7급 시험은 합격할 수 있겠다 싶었지만, 우선 마음이 다급하였으므로 그때까지 기다릴 수 없었다. 그래서 장흥군청 수산직 8급 공무원 특별채용 시험에 응시해 합격하고 1982년 4월 12일에 장흥군 대덕읍사무소로 발령받아 공무원이 되었다. 봉급 액수와 관계없이 가장이 가족을 위해서 일하고 있다는 것 자체가 매우 중요하였으므로, 나는 수산직 8급 공무원으로 임용된 것을 감사하게 생각했다. 그러면서 공부를 계속하여 행정직 7급 시험을 준비하겠다고 스스로 다짐하였다.

그렇게 공무원이 되기는 했으나 막상 공무원의 업무 처리에 대하여 아는 것이 거의 없었다. 그래서 옆의 동료들이 하는 일을 어깨너머로 보고 배웠다. 나는 대덕읍사무소에서 1983년 1월 말까지 근무하고 장흥군청 식산과 수산계로 발령받아 나의 전공과목인 수산 업무를 본격적으로 담당하게 되었다. 생소한 업무를 배우는 데는 어려움이 많았고, 맡은 일을 처리하느라 고군분투하다 보니 행정직 7급 시험 준비에는 시간을 낼 수가 없었다. 그리고 차츰차츰 현재의 일에 몰두하면서 시험에 대한 꿈은 멀어져만 갔다.

공무원의 일에 대한 경험과 요령이 생기자 다음과 같은 신념도 생겼다. '내가 공무원으로서 일을 성실하고 정직하게 열심히 하면 할수록 지역 주민들에게 혜택이 돌아가서 그분들의 삶의 질이 나아질 것이다.' 이러한 신념으로 승진이나 다른 일들에 신경 쓰지 않고 오직 주민들만을 생각하면서 근무했다.

내가 세운 원칙을 준수하며 성실하게 일하다 보니 1997년에 6급 승진 기회가 생겼다. 나는 군청 수산과에서 중요한 일을 도맡아 열심히 하였으므로 좋은 평가를 받아 승진하게 될 것이라고 기대했다. 그러나 평가 결과 대덕읍사무소에서 근무하고 있는 내 학교 5년 후배가 6급 계장급으로 승진하였다. 내가 인도양에서 원양어업에 종사하는 동안 그 후배는 나보다 1년 먼저 공무원으로 임용되어 근무했다는 이유였다. 업무의 중요도나 조직의 기여도 등은 고려하지 않고 오직 누가 먼저 공무원이 되었느냐가 승진의 주요 기준이 된 것이다. 그런 결정이 이해되지 않고 무척 섭섭하여 나는 사직서를 제출하고 직업을 바꿀까도 고민했다. 7일간 고민했지만 직업 변경은 포기하고 다시 수산계 7급 일반 직원으로 복귀해 근무했고, 1999년 9월에 6급으로 승진할 수 있었다.

공직사회는 내가 생각한 것처럼 투명하지도 않고 깨끗하지도 않으며 정의롭지도 않았다. 행실이 나쁜 소수의 공무원들이 미꾸라지처럼 맑은 물을 흐리게 하며 공직사회를 부정부패의 소굴로 몰아갔다. 이 때문에 악순환이 반복되면서 인사행정은 점점 나빠지고 있었다.

직장협의회 출범

1999년 김대중 정부가 들어서면서 공직 사회에도 직장협의회가 허용되고 그 후 공무원노동조합이 출범하였다. 당시에는 공무원법에 따라 공무원들이 집단행동을 하지 못하도록 되어 있었고, 실질적으로 공무원들을 권력의 하수인으로 사용했다. 그런데 정부가 바뀌면서 공무원들도 단결권과 단체교섭권을 인정받은 것이다.

2001년 가을쯤에 몇몇 의식 있는 직원들이 우리 장흥군에서도 직장협의회를 만들어서 활동해야 한다며 나에게 의견을 물었다. 나 역시 인터넷 등을 통하여 이웃 시군의 직장협의회 활동을 유심히 지켜보고 있었고, 우리도 직장협의회를 만들어야 한다고 생각하고 있던 때라서 그들의 의견에 동의하였다. 그리고 2002년 3월 7일 장흥군민회관에서 장흥군 직장협의회 출범식을 성대하게 치르고 자축하였다. 이날 모임은 누구의 간섭도 없이 우리 하위직(6급 이하) 공무원이 스스로 결정하여 모인 것으로 공무원 역사에 한 번도 없던 일이었다. 우리 힘으로 이렇게 많은 공무원이 모였으니 앞으로도 우리가 모이면 못 할 일이 없겠다고 생각했다. 단결권의 위력을 실감한 것이었다. 전체 직원 수 650명 중 직장협의회 회원 수는 520명이었고 직장협의회장으로 내가 선출되었다.

공무원노조 전환, 정보 형사와 숨바꼭질

전국공무원노동조합은 2002년 3월 23일에 서울 고려대학교 학생회관에서 경찰들의 습격을 받으면서도 용감하게 출범하였다. 직장협의회 법이 있었지만, 단체행동권은 보장하지 않았으므로 공무원노조 출범식은 실정법을 위반한 것이었다. 하지만 전남지역본부는 그 기세를 이어 받아 2002년 5월 25일 장흥읍 삼산리의 제암산, 사자산 산불 진화 순직공무원 4명이 잠들어 있는 묘소 앞에서 출범식을 거행하였다.

그 와중에 경찰서의 정보라인에서는 공무원들이 노동조합 결성하지 못하도록 갖은 압력을 넣었고 퇴근 시간 이후에는 직장협의회장을 밀착 감시했다. 정보 형사의 눈길을 피해서 비밀장소에 모이면 보통 밤 12시경이었는데 그때부터 2시간 정도 회의를 거쳐 중요사항을 결정하는 등, 비밀작전을 수행하는 특수부대원들처럼 행동했다. 그렇게 공무원노조 지역본부가 탄생하였고 이어서 각 시군 직장협의회도 속속 공무원노조로 전환을 선포했다. 정부에서는 공무원노조 선포만으로는 징계를 강행하지 않아서 각 지부 단위의 노조 전환 선포는 순조롭게 진행되었다.

공직사회의 불합리한 제도 폐지 운동

나는 공직 사회의 불합리한 제도 폐지를 주장하는 여러 운동에 참여했는데, 첫 번째는 성과상여금제도의 폐지 운동이었다. 성과상여금제도는 공직 사회를 정글의 법칙이 지배하는 짐승들의 사회로 만드는 악랄한 제도이다. 공무원들은 성과상여금 몇 푼 더 받겠다고 동료를 짓밟으며 경쟁해야 했고 과장에게 갖은 아양과 아부를 떨어야 했다. 전국공무원노조는 이러한 제도가 공무원 개개인을 망치면서, 국가를 이끌어 가는 공직 사회 조직까지도 망치는 악법임을 인식하고 이를 폐지해야 한다며 온몸으로 투쟁했다. 몇 차례 방법을 바꿔가며 투쟁한 끝에 성과금 전액을 반납 받아 하위직 공무원 모두에게 균등하게 배부하는 것으로 성과금 제도의 근본 취지를 무력화시켰다.

공직 사회에선 성과상여금 문제뿐만 아니라 신문 강제 구독 역시 심각한 문제였다. 1980년대 전두환 정부의 언론 통폐합 이후 살아남은 언론 기자들의 횡포는 무소불위의 위력을 발휘하고 있었다. 예를 들어, 동아일보 상호가 찍힌 승용차가 읍면 사무소에 들어오면 그들을 특사 대접을 하면서 맞이하고 갈 때는 차량 기름값이라며 봉투에 현금을 두둑이 넣어 주곤 하였다. 그것이 당시의 관행이었다. 그러한 관행이 계속 이어지면서 공무원들은 언론 기자들의 밥이 되어 가고 있었다. 인원수보다 훨씬 많은 신문이 배달되어 오면 그 값을 공무원들이 치러야 하는 식의 강제 구독이 이루어졌고, 군수나 총무과장 또는 어느 공무원이 이 문제를 항의하면 언론사에서 그에 대한 나쁜 기사를 써서 다시는 항의하지 못하도록 공포감을 주었다. 나는 이로 인한 피해가 심각하다고 결론 내리고 언론사 본사에 공문을 보내 협조를 요청하였다. '신문

배급은 독자 신청을 받아서 넣을 것.', '강제 구독하도록 한 신문을 수취인 부담 반송 조치하겠음.', '구독이 정상화되면 지역 언론 발전에 공무원노조도 적극 협력하겠음.'이라는 내용이었다.

나는 각 언론사에 공문을 보낸 후 강제 구독으로 들어온 신문을 매일 취합하여 언론사 본사에 수취인 부담 택배로 부쳐 반송 조치하였다. 그 결과 각 언론사에서 항의 전화가 몇 번 왔지만 '독자가 원하지 않는 신문 강제 구독은 옳지 않다.'라고 답변하자 언론사도 더 이상 강요하지 않았다.

약 1개월 정도 시간이 흐른 후 장흥 주재 기자들이 장흥군청 기자실에 모두 모여서 나에게 면담을 요청하기에 망설이지 않고 그들을 만났다. 17명의 기자가 모여서 이구동성으로 "공무원노조의 행위가 너무 심하지 않으냐?", "장흥 주재 기자들의 밥줄을 끊을 작정인가?" 하며 나를 공격하였다. 나는 차분하게 그들에게 답변하였다. "여러분을 먹여 살려야 할 의무가 공무원들에게 있는가? 입장을 바꿔서 기자인 내가 공무원인 여러분에게 그러한 행동을 한다면 나의 처사에 동의하겠는가?" 이 두 마디 반문에 답변하는 기자는 한 명도 없었다. 그리고 잠깐의 침묵이 흘렀다. 17대1의 상황에서 나는 기자들로부터 집단 테러를 당할 수도 있었지만 흥분하지 않고 논리적으로 대응한 결과, 그들은 나의 주장을 받아들이는 눈치였다. 2~3분 정도 지나자 가장 연장자인 기자분이 답변했다.

"좋다. 박형기 지부장의 주장을 받아들여 장흥 주재 기자들은 장흥군청에 신문을 억지로 넣지 않겠다. 또 한 가지, 지금까지 기자실로 사용했던 이 공간도 이 시간 이후에는 장흥군민을 위한 공간으로 이용할 수 있도록 장흥군에 반납한다. 다만, 공무원노조에서는 신문 구독 부수 상한선을 제한하지 말고 공무원들이 자유롭게 구독을 신청할 수 있도록 협조해 달라." 이렇게 언론사와의 투쟁은 끝났고 장흥군청 공무원들은 신문 강제 구독의 굴레에서 해방되었다. 그리고 기자들과의 관계도 더 이상 잡음 없이 원만하게 이루어졌다.

박형기

1988년 지방자치법이 전면 개정 시행되면서 지방자치시대가 예고되고, 1995년 5월에는 지방자치단체장과 지방의회 의원을 동시에 뽑는 지방선거가 시행되면서 본격적으로 지방자치시대가 열렸다. 그러나 행정은 이전 관행대로 이루어져, 독립된 지방자치단체를 존중하지 않았다. 특히 전라남도에서 실시하는 각 시군 종합 감사는 그 근거가 되는 지방자치법이 개정되었음에도 개정 이전 때와 동일하게 실시되고 있었고 그 폐단이 매우 컸다.

2004년에 나는 전라남도의 행정 행태가 잘못됐음 지적하며 감사를 거부하겠다는 공문을 전남도지사에게 보냈다. 이에 감사 담당관은 '자치사무중 인사행정과 계약행정이 있는데, 이는 전남도 감사관이 아니면 비리를 잡아낼 수 없다. 이 문제를 어떻게 하면 좋겠는가?' 하며 협조를 요청하는 답을 보내 왔다. 우리는 '인사 행정', '계약 행정'은 엄격히 감시하되 다른 행정은 지도 위주로 감시하겠다는 감사 담당관의 제안을 수락했다. 감사관들의 태도가 친절하게 바뀌면서 이후 전라남도의 종합 감사는 완전히 시정되어 각 시군과 충돌 없이 추진되었다.

 1990년대, 2000년대 공무원 봉급은 최저 생활비 수준이었다. 다행히 공무원 연금으로 퇴직 후 안정적인 생활과 공무원 퇴직자로서 품위를 유지할 수 있었기 때문에 공무원들은 그 연금을 받기 위해서 모든 것을 참고 견디며 열심히 일하였다. 그런데 2005년 초에 유시민 보건복지부 장관은 공무원 연금이 국민연금보다 2배나 많다고 하면서 공무원 연금을 개정해야 한다고 발표했다. 이에 전국공무원노조에 비상이 걸렸다. 공무원들의 유일한 희망인 연금이 깎일 위기에 놓였으니 그대로 방치할 경우 연금 개악은 뻔하였다. 이미 퇴직한 선배 공무원들을 포함해 많은 공무원이 흥분하였다. 나는 전남지역 17개 시군을 순회하면서 투쟁의 대오에 함께해 달라고 당부하였고 인터넷 자유게시판에 공무원 연금에 대한 사실을 알리는 글을 써서 국민들이 알 수 있도록 했다.

 상황은 국민 여론보다 공무원 내부 여론이 더 뜨겁게 들끓고 있었다. 이에 행정자치부는 2004년 9월 중순경에 전국공무원노조 위원장 앞으로 '지금 논란이 되는 공무원

연금 개정 문제는 개정할 의사나 계획이 전혀 없으니 그리
아시기를 바랍니다.'라는 내용이 담긴 공문을 보내 왔다.
이러한 공문을 받고도 공무원노조는 쉽게 긴장을 풀지
못했다. 다행히 연금 개정 문제는 더 이상 논란이 되지
않았고 조용히 마무리되었다.

    나는 공무원노조 장흥군 지부장 2년, 전남지역본부장
4년을 역임하면서 부정부패 척결과 잘못된 제도·관행 개선,
공직 사회 개혁을 위하여 밤낮으로 뛰어다니며 일했다.
위에 열거한 사건 외에도 노동삼권 쟁취, 공무원의 정치
자유 보장, 전라남도와 시군 간의 대등한 인사 교류를 위한
활동, 2004년 공무원노조 총파업 등 중요한 일이 많았다.
이런 부분을 모두 기록하자면 한이 없을 것이다.

    그러나 개인적으로는 내가 공무원 집단행위금지
위반죄로 파면당하고 회복하지 못한 채 정년이 된 일이
못내 가슴 아프다. 2004년 12월 24일 장흥군 인사위원회는
내 파면을 결정했고, 2005년 2월 7일에 광주지방법원
장흥지원에서 재판이 열렸다. 나는 징역 10개월에 집행유예
2년을 선고받았다. 장흥교도소에서 소지품을 가지고
출입문을 나오는데, 장흥군청 동지들과 조합 전남본부,
중앙 간부들이 교도소 정문에서 나의 출소를 환영해
주었다.

박형기

2005년 2월 7일 집행유예로 석방되었을 때,
공무원 노조 동지들의 환영

진보정당 활동

나는 2010년 지방 선거에 장흥군수 후보로 출마했다. 상대 후보는 2008년 상반기에 보궐 선거로 당선되어 장흥군수를 하고 있는 이명흠 후보였다. 이명흠 후보는 군민들에게 인기가 대단히 높아서 '이명흠은 유능한 군수이며 지금까지 2년짜리 반쪽 군수를 하였기 때문에 4년 임기의 군수를 해야 한다.'라는 군민들의 지지여론이 90% 이상 되었다. 이러한 상황에서 누구도 군수 후보로 도전한 사람이 없어 무투표 당선이 유력하였다. 나는 민주노동당 장흥군 지역위원장으로서 군수 선거가 무투표 당선으로 끝나도록 방치하는 것은 옳지 않다고 판단하고 진보당의 가치를 알리기 위하여 장흥군수 후보로 출마를 결심했다.

선거 운동 기간 동안 나는 진심을 다해 선거 유세를 했다. 유세의 핵심은 '농어촌을 지키면서 농업으로 평생을 살아오신 65세 이상의 어르신들에게 농촌 지킴이 보답 형태의 수당을 신설하여 매월 10만 원씩 드리겠다.', '사람이 살기 좋은 농어촌을 만들겠다.'였다. 기업을 경영하기 좋은 도시가 아니라 사람이 살기 좋은 도시를 만들겠다는 것이 나의 생각이었다. 이러한 유세는 특히 장흥읍 거주 유권자들에게 괜찮게 받아들여져 반응이 좋았다. 그런 나의 모습을 좋게 보았는지 성당 교우들도 입에서 입으로 조용히 선거 운동을 해 주었다.

　개표 결과는 내가 31.76%를 득표하였지만 낙선하였고 이명흠 후보가 67% 득표로 당선되었다. 선거 전문가들의 선거 초반 예측으로는 박형기 후보는 5%만 득표해도 대성공이라고 했는데 32% 가까이 득표하였으니 대단한 성공을 한 셈이다. 공무원노조에서도 나의 높은 득표율을 보고 감탄하며 박수를 보내 주었다. 이것은 장흥 유권자들이 무조건적으로 민주당을 지지하는 관행에서 탈피하여 후보의 능력과 인품을 보고 투표한 결과였다. 그 후 나는 가진 것 없이 말로만 하는 정치는 허구이니 내가 계속 정치 활동을 하는 것 자체가 위선이라고 생각해 미련 없이 일선에서 물러나기로 했다. 아생연후 치국평천하(我生然後 治國平天下)라!

평범한 야인으로 노후 생활을 일구다

　2015년 6월 30일 정년이 되어 공무원노조에서 매월 받았던 임차 형식의 생활비가 끊겼다. 예상은 했지만 막상 수입이 한 푼도 없게 되니 모든 활동을 중단하지 않을 수 없었다. 앞으로 어떻게 살아야 할지 막막해 지자 나는 깊은 실의에 빠졌다. 그래서 '아직 활동할 힘이 있는데 아무 일도 할 수 없으니 어떻게 할 것인가? 늦었지만 지금부터라도 다시 돈을 벌 수 있는 일을 찾아보자.'라고 결심하였다. 다행히 이렇게 될 것에 대비하여 1년 전부터 공인중개사 자격시험을 준비하고 있었다. 자격증을 취득하여 개업하면 일터와 소득이 생겨서 활동이 가능할 것이라는 판단이었다.

  60세가 넘어서 기억력의 한계가 있었지만 열심히 노력한 결과 2014년 10월 26일자 실시한 자격시험에서 1차 합격하였다. 그리고 2015년 10월 25일에 2차 시험을 합격하고 공인중개사 자격증을 취득하였다. 나이 60이 넘었음에도 다른 사람들보다 빠르게 취득하였다며 많은 이에게 축하받았다. 뒤늦은 공부였지만 하느님께서 보시기에 기특한 면이 있었던지 나에게도 웃음을 안겨 주셨다.

  사무실은 집에서 가까운 학동에 마련했다. 여러 곳을 다니면서 검토한 결과 평화맨션 3동 정문 앞이 부동산 사무실로 사용되기에 적당하다고 판단했다. 2017년 3월 7일에 개업했으니 벌써 5년이 넘었다. 그동안 성실하게 일한 결과 지역 주민들에게 좋은 평가를 받으며 신뢰를 쌓아가고 있다. 부동산 중개만으로는 큰돈을 벌 수 없지만, 많은 사람을 만날 수 있고 사람들을 도울 수 있어서 좋다. 사무실이 학운동 성당과 가까운 곳에 있으므로 신앙생활도 열심히 하면서 진보정당의 후배들을 돕는 일도 틈틈이 할 수 있다. 이제 곧 70세가 되는 나이에 일터를 가졌다는 것을 매일 감사하게 생각하면서 출근한다.

박형기

나의 자녀는 2명이다. 남매인데 모두 보건대학교를 나와 병원 간호사 생활을 거쳐 지금은 소방서 119구급대원으로 근무하고 있다. 큰아이는 1981년생, 둘째는 1984년생인데 아직 결혼을 하지 않아서 무척 걱정된다. 둘 다 마음씨 착하고 책임감이 강하여 직장 생활을 성실하게 하고 있다. 부모의 마음으론 이 아이들이 빨리 결혼하여 안정적인 가정을 꾸리면 좋겠다고 생각하지만, 아이들 생각은 부모 생각과 같지 않다. 자기들의 생각이 따로 있는 것 같아서 조금은 섭섭하다.

그동안의 삶을 되돌아보면서 내가 자만심에 빠져 인생을 낭비하지는 않았는지, 다른 사람들에게 피해를 주는 일은 없었는지 등등을 자주 생각한다. 그리고 앞으로 어떠한 자세로 세상을 살아갈 것인지도 생각해 본다. 그러한 과정 속에서 내가 사는 모습이 하느님 보시기에 좋은 모습으로 비쳐서 모든 사람에게도 유익한 삶이 된다면 참으로 좋겠다. 그렇게 살다가 때가 되면 하느님 곁으로 돌아가고 싶다.

나는 우리나라가 다음과 같은 국가로 발전하기를 간절하게 바라며, 이러한 운동을 하는 진보당을 지지하고 응원한다. 비슷한 단체가 있으면 그 단체도 응원한다.

첫째, 열심히 일하는 사람이 대접받는 상식이 통하는 사회. 둘째, 누구든지 안심하고 정년이 될 때까지 일할 수 있는 사회. 셋째, 힘없고 가난한 사람이 억울하지 않으며 부유하고 힘 있는 사람도 존경받는 사회. 넷째, 모든 국민이 행복하게 살 수 있는 대동 세상. 다섯째, 어린아이들과 노인들이 살기 좋은 걱정 없는 세상. 여섯째, 낙후된 농어촌이 정상화되어 생산비가 보장되는 값을 받고 농사를 지을 수 있는 식량 안보가 튼튼 국가. 일곱째, 청년 실업이 없고 여성들의 지위가 보장되는 나라. 그리고 소외 계층이 없고 빈부 격차가 심하지 않은, 그러한 나라가 되기를 간절히 기도한다. 그래서 우리 후손들이 안심하고 행복하게 살기를 바란다.

마치면서

나는 2002년 공무원 노동조합을 출범시키고 나서 공무원도 노동자임을 깨달았다. 그 이전에는 공무원이 노동자가 아니고 정부 조직의 한 일원으로서 국민들을 지도, 감독, 통제하는 제일선 정부 기관의 사용자 정도로 알고 근무했다. 그리고 다산 정약용의 『목민심서』를 염두에 두고 공무원은 국민들이 편하게 살 수 있도록 국민들 편에 서서 끊임없이 노력하여 은혜를 베풀어야 한다고 생각했다.

그런데 이는 잘못된 생각이었다. 국가는 당연히 국민의 행복을 위해 존재한다. 국민이 주인이며 국가는 국민에게 은혜를 베푸는 것이 아니고 당연히 국민의 생명과 재산을 지키면서 국민의 행복을 위해 존재하는 것이다. 따라서 공무원은 국민의 한 사람으로서 사용자인 국가 기관에 고용된 노동자이며 노동자로서 주어진 임무에 충실해야 한다. 공무원의 국민에 대한 무한 봉사는 공무원이 국민들에게 은혜를 베푸는 것이 아니고 근무 고용 관계상 노동자에게 주어진 의무를 충실히 수행하는 것이다. 즉 공무원도 국민의 한 사람으로서 인간답게 살 권리가 있다. 그동안 나는 공무원이라는 이유로 무작정 희생하는 것이 도리라고 하는 상급자(기관)의 강요에 따라 희생을 당연한 것으로 알고 참아왔다. 그러나 이것을 깨달으니 세상 돌아가는 상황이 정확하게 보이면서 위정자나 상급 기관의 잘잘못을 정확하게 판단할 수 있었다.

   공직 사회의 부정부패와 잘못된 제도 관행이 정확하게 구분되면서 공무원노조가 해야 할 일들이 분명해졌다. 그래서 지금까지 열거한 모든 일들을 마치 독립운동을 하는 심정으로 사명감을 가지고 추진해 왔다. 그 결과 일부는 시정되어 권리를 보장받고 있지만 공무원 노동삼권, 정치적 자유 등 국민의 기본권에 속하는 몇 가지 중요한 것들이 아직 보장되지 못하고 있다. 나는 이러한 사태를 개선하고자 목숨을 걸고 운동을 추진하였다. 그때 만일 내가 징계당하는 것을 두려워했더라면, 또는 나의 노후를 보장할 연금을 생각했더라면 그러한 일을 할 수 없었을 것이다. 나는 그런 것에 연연하지 않고 해야 할 가치가 있다고 판단이 되면 온몸을 바쳐 일했다. 그 결과 나는 파면이 되어 현재 연금을 받지 못하지만, 당시의 용기 있는 행동에 자부심을 가지고 있다. 그리고 앞으로도 우리의 후손을 위하여 또는 우리 민족의 행복을 위하여 가치 있는 일이라면 사람들과 손잡고 열심히 일할 의욕이 있다. 죽을 때까지 이 걸음으로 뚜벅뚜벅 걸어갈 것이다.

박형기

글쓰기 멘토 후기
조선대학교 문예창작학과

윤소현

광주에서 근현대의 역사를 몸소 겪은 사람의 일생은 자서전을 넘어 다음 세대에게 전해줘야 할 하나의 미래유산이 아닐까 생각합니다. 가치 있는 일에 함께 할 수 있어 기뻤습니다. 선생님, 건강하세요.

김정원

과거를 마주하는 것이 행복한 일만은 아니라는 걸 알고 있습니다. 자서전을 완성하신 선생님들께 긴 박수를 보냅니다. 다가올 계절에는 이번 여름에 내신 용기를 기억하며 건강하시길 웃으며, 염려하며 응원하겠습니다.

박진영

올해도 가슴에 남는 소중한 이름들을 알게 되어 감사합니다. 삶의 어떤 순간을 마주할 때마다 저는 그 순간과 관련된 이름을 다시금 떠올리게 될 것입니다. 그때마다 저는 웃기도 하고 조심하기도 하고, 조금은 슬픈 마음이 될지도 모릅니다. 하지만 그 순간들을 미리 살아가신 이야기들을 되새기며 용기를 얻을 수도 있을 것입니다. 여기에 누군가 있었고, 그 사람 또한 무사히 지나갔다, 그리고 그 순간을 이렇게 이야기로 남겼다, 하고 말입니다.

김연주
　이토록 생생한 삶의 경험을 듣는 것만으로도 소중한 경험이었는데, 앞으로도 계속 읽을 수 있는 글로 남기는 일에 함께할 수 있어 영광이었습니다. 순탄치만은 않았던 역사 속에서 때로는 힘겨우셨겠지만, 그럼에도 불구하고 아름다웠다고 말씀드리고 싶은 생의 이야기들을 나눠주셔서 감사하다는 말씀 전하고 싶습니다.

박지훈
　매주 선생님들과 대화 나눌 때마다 놀랐습니다. 저는 평소에 어르신들의 삶은 다 비슷하다고 여기며 덮어놓고 '안다'라고 생각해 왔습니다. 그렇지만 선생님들이 살아온 삶은 제가 상상할 수 없는 것이었습니다. 대화할수록, 알면 알수록 점점 더 이 사실이 명백해졌습니다.
　원체 상상할 수 없었던 이야기들을 제 손으로 다시금 간명하게 '편집'하는 게 쉽지 않았습니다. 그렇지만 독자도 저와 같은 경험을 하면 좋겠다는 마음으로 최선을 다했습니다. 시간이 지나도 그 결과물이 선생님들 마음에 들었으면 좋겠습니다.

글쓰기 멘토 후기

신윤지

선생님들의 역사를 복원하는 과정에 함께할 수 있어 영광이었습니다. 이 여름을 오래 기억하겠습니다.

진태완

선생님들의 이야기를 다듬으면서 한 사람의 인생이 어떻게 드라마가 되는 지 배우고 동행할 수 있어서 정말 즐거웠습니다. 희미해진 과거의 기억을 현재로 명확하게 살려낸 선생님들의 노력과 성실함에 깊은 감명을 받았습니다. 원고를 마감하니 선생님들의 인자한 미소가 가장 먼저 떠올랐습니다. 무더운 여름 내내 미소를 잃지 않고 응원해주셔서 정말 감사합니다.

홍지형

처음에는 제가 선생님들을 도와드린다고 생각했습니다. 하지만 선생님들의 삶이 담긴 원고들을 읽고 다듬으면서, 오히려 더 많이 받은 쪽은 저일 것이라는 생각을 하게 되었습니다. 사람은 전혀 다른 삶의 궤적과 가치관을 가진 사람과 대화할 때 시야가 넓어진다고 합니다. 평소라면 절대 상상해보지도 않을 타인, 특히나 저와 세대가 다른 어르신들의 깊이에 이렇게 가까이 다가 기회가 살면서 얼마나 있을까. 저의 세계가 넓어지는 경험이었습니다.

우리 선생님들, 만날 때마다 저에게 자기는 글을 못쓴다고 푸념하듯 말하셨지만, 그렇게 정리하고 자기 삶을 돌아보는 게 쉬운 과정이 아니라는 것을 저는 이제 다 알고 있답니다. 올 여름에 선생님들을 만났던 일이 저에게는 값진 시간이고 경험이었습니다. 선생님들도 그러하시기를.

김소은

아직 겪지 않은 시간을 가까이서 자세하게 듣는 건 쉽게 할 수 없는 경험이라고 생각합니다. 저와 함께 다사다난했던 삶을 회고하신 선생님들께서 자서전 쓰기를 통해 지난날의 상처를 치유받고 여생을 희망차게 꾸려가실 힘을 조금이나마 얻으셨기를 바랍니다.

이진호

선생님들의 글이 모여 비로소 책이 되었습니다. 한 편의 글을 완성한다는 건 누구나 할 수 있는 일이 아니므로, 선생님들께서 스스로 성취해내신 것을 마음껏 자랑스러워하셨으면 좋겠습니다. 선생님들의 삶을 담아내기에 부족한 분량이지만, 이렇게나마 쓰인 글은 선생님들의 가족이나 지인뿐만 아니라 일반 독자들에게도 값진 기록이 되리라고 저는 생각합니다. 마지막으로 선생님들께 감사의 마음을 전합니다. 부족한 시간을

할애하여 과거를 회상하고, 낯선 저에게 숨김없이 기억을
공유하고, 글짝꿍들과의 면담을 위해 금요일마다 지독한 더위를
뚫고 발걸음하신 선생님들의 노고를 잊지 않겠습니다.

박사라

2달이라는 시간 동안 선생님들의 자서전 집필을 보조하며,
다른 곳에서 접하기 어려운 생생한 민중의 기억을 보고
들었습니다. 제가 살아보지 못한 시대와 삶을 간접적으로
체험하는 귀중한 경험이었습니다. 더운 여름 끝까지 함께해주신
선생님들께 감사드립니다.

이하루

시간이라는 폭풍 한가운데 서서 작은 답들을 찾는
시간이었습니다. 사랑으로 주저앉고 고통으로도 내달리는
인간을 보았습니다. 이 이야기들이 글쓴이의 곁에서 어깨를
두드리고 등을 쓸어주는 '사람'이 되기를 바랍니다.

인생의 뒤안길엔 찔레꽃 향기가

초판1쇄 찍은 날	2022년 10월 24일
초판1쇄 펴낸 날	2022년 10월 26일
펴낸곳	광주광역시 동구
기획·집필 총괄	광주광역시 동구 인문도시정책과
주소	61466 광주광역시 동구 서남로 1
전화	062-608-2114
글·사진	위영, 최경희, 정기수, 최영후, 윤점덕, 백정순, 박한양, 박형기
글쓰기 도움	신용목(총괄, 조선대 문예창작학과 교수)
	윤소현, 김소은, 진태완, 홍지형, 김연주, 박사라, 신윤지, 박진영(조선대 문예창작학과)
삽화	황중환(제작총괄, 조선대 만화애니메이션학과 교수)
	김리원, 이나현, 홍민석, 이유진, 윤석호, 이세현, 전승연 (조선대 만화애니메이션학과)
표지일러스트	김민재(조선대 만화애니메이션학과)
프로필사진	서경스튜디오(류서림)
만든곳	도서출판 심미안
주소	61489 광주광역시 동구 천변우로 487(학동) 2층
전화	062-651-6968
ISBN	978-89-6381-399-8 04810
	978-89-6381-397-4 (세트)

- 책값은 뒤표지에 있습니다.
- 이 책에 실린 글과 이미지는 저자와 출판사의 동의 없이 사용할 수 없습니다.
- 이 책은 2022 동구 어르신 생애출판사업 "흔들리며 피었어도 돌아보니 꽃이었고"와 연계하여 제작되었습니다.

© 위영 최경희 정기수 최영후 윤점덕 백정순 박한양 박형기, 2022